Sybille Günther

Bei Zwergen, Elfen und Trollen

Fantastische Spiele, Gestaltungsideen, Lieder und Geschichten aus zauberhaften Welten

Illustrationen von Christiane Hannecke

Ökotopia Verlag, Münster

Impressum

Autorin: Sybille Günther
Illustratorin: Christiane Hannecke
Satz: Druckvorstufe Hennes Wegmann, Münster
ISBN: 978-3-936286-22-9

4 5 6 7 8 • 10 09

Alle Lieder dieses Buches gibt es
auf der CD von Hartmut E. Höfele:

Bei Zwergen, Elfen und Trollen

Fantastische Lieder, Tänze
und Geschichten aus der Zauberwelt

ISBN: 978-3-936286-23-6

Inhaltsverzeichnis

Fast hätten wir sie vergessen

... die Zwerge, Trolle, Elfen, Feen, Nymphen, Nixen und sonstigen guten Geister, die anscheinend unsere Natur behüten, zumindest aber seit jeher unsere Fantasie beflügeln:
Wer von uns Erwachsenen erinnert sich nicht an die Waldspaziergänge als Kind, bei denen wir bei ausgehöhlten Baumstämmen und vom Sturm entwurzelten Baumriesen oder auf moosigen, pilzbewachsenen Baumstümpfen eine Zwergenhöhle, ein liebevoll gepflegtes Zwergengärtchen oder ganze Zwergensiedlungen vermutet haben? Wer kennt nicht den Anblick der Gänseblümchen oder Glockenblumen, die wir uns leicht als kleine Blumenkinder unter der Blüte vorstellen konnten? Wer kennt nicht den leisen Schauer, wenn wir uns in felsiger Gegend, an entlegenen schattigen Plätzen fürchteten, ein mürrischer Bergtroll könnte uns am Ende doch Steine in den Weg rollen? Wer hat nicht schon erlebt unvermittelt vor einem Tümpel zu stehen, bei dem das lautlose Dahingleiten einer Libelle den Augenblick verzauberte?

Seit alters her gibt es Sagen und Märchen von verborgenen Elfenreichen, Zwergenschätzen und Feenzauber. Gibt es sie denn wirklich, diese märchenhaften Naturgeister, für die es so viele Namen gibt und deren Beschreibung sich überall auf der Welt ähneln? Wer weiß ...

Aber, wenn es sie in unserer Vorstellung nicht gäbe, wie arm wäre unsere Fantasie in einer Welt, in der heute alles rational erklärbar scheint. „Der Poet versteht die Natur besser als der wissenschaftliche Kopf", sagte Novalis bereits im 18. Jahrhundert. Und Friedrich Schiller nannte die Natur einen unendlich geteilten Gott. Wenn Gott in allem ist, dann ist er nicht nur im Himmel, sondern auch auf der Erde. Ein Schamane der Sioux drückte dies so aus: „Ist nicht der Himmel der Vater, die Erde die Mutter? Und sind nicht alle Lebewesen, ganz gleich ob sie nun Füße, Flügel oder Wurzeln haben, ihre Kinder?"
Wer den intensiven Kontakt zur Natur pflegt, kann nachvollziehen, dass die Natur beseelt ist. Naturvölker, die solch eine animistische Vorstellung von der Welt haben, achten und schützen die Natur besser als die zivilisierte Industriegesellschaft.

Kindern kommt diese Weltvorstellung von der beseelten Natur sehr entgegen, denn sie haben noch nicht für alles ein vernunftgeleitetes Erklärungsmodell parat. Kleine Kinder sind im so genannten magischen Alter noch eins mit allen Dingen und Wesen der Welt. Aber auch Erwachsene genießen die Vorstellung von Naturgeistern, die darauf achten, dass die Welt nicht aus den Fugen gerät. Und sind nicht jene unter uns, die dem menschlichen Machbarkeitswahn verfallen sind, nicht von allen guten Geistern verlassen?

Früher waren Naturgeister die Antwort auf unerklärliche Vorgänge in der Natur. Sie waren es, die verantwortlich waren für Blitz und Donner, Wind und Wetter ... In der weiteren kulturellen Entwicklung des Menschen wurden hinter all diesen Erscheinungen Götter und hinter all diesen Göttern das göttliche Prinzip erkannt und viele Hochkulturen sahen darin den einen, himmlischen Gott. Die stärkere Bindung an das geistige, himmlische Prinzip drängte leider die Verbindung zu dem irdisch-spirituellen in den Hintergrund – und damit auch die Sensibilität gegenüber der Natur.

Das ist nicht überall so: In Island sind 54 % der Einwohner noch heute von der Existenz der Elfen und Zwerge überzeugt, es gibt dort sogar eine Elfenbeauftragte, die bei der Planung von Straßen und neuen Gebäuden zu Rate gezogen wird, um etwaige Elfenhügel ausfindig zu machen. So kann es passieren, dass eine Straße, die erst schnurgerade geplant war, plötzlich einen Schlenker um einen vermeintlichen Elfenhügel macht, um die dortigen elfischen Bewohner nicht zu stören.

Wenn auch wir uns darauf einlassen, einen Schlenker in die Anderswelt zu unternehmen, in der nicht alles gerade und vernunftgeleitet, sondern schicksalhaft verwoben, lebendig und beseelt ist, dann bereichern wir unsere Fantasie und wir können Kindern besser vermitteln, dass es nicht nur die „Zuordnung von Gleichen" auf dem Weg zur Schulreife gibt, sondern dass die Welt Geheimnisse in sich birgt, die sich nun mal nicht allein rational erklären lassen, die es aber wert sind, behütet zu werden.

Mit einem Augenzwinkern sieht der ein oder andere Erwachsene unter der Leserschaft dann vielleicht auch den Sockenwichtel, erkennt den inneren Reichtum, den wir mit einer Handvoll Halbedelsteinen in den Händen halten und versteht, was da seit

Jahrhunderten tatsächlich unter einem Hollerbusch so hin und her huscht ... Kinder haben mit dieser „naiven Weltsicht" keine Probleme. Und wenn wir Erwachsene uns wieder trauen, mit feierlichem Ernst von Zwergen, Elfen, Nixen und Trollen zu erzählen, geben wir den Kindern Bilder für ihre Seele. Und vielleicht erleichtern wir ihnen dann so auch ihren Zugang zur Achtung vor dem Wunder Natur – das wäre doch der beste Umweltschutz. So verstanden, ist die Hauptaufgabe der Elfen mit den unzähligen Namen tatsächlich ihre Schutzfunktion und ihre Kraft spendende Wirkung für alles Lebendige.

Das vorliegende Buch beschränkt sich bei der Beschreibung von den märchenhaften Naturgeistern auf die in unserem Kulturkreis geläufigsten. Das erste Kapitel „Die guten Nachbarn aus der Anderswelt" wendet sich zuerst einmal an die Erwachsenen. Sie brauchen nämlich ein bisschen länger, um sich auf so zauberhafte Wesen aus einer anderen Welt einzulassen. Darum wird hier mit aller Nachsicht erklärt, woher sie kommen, wer sie sind, wo man sie trifft und wann man sie trifft, damit ihnen der Sprung in die fantastische Welt der Kinder und Romantiker leicht gelingt. Außerdem verfügen die Erwachsenen nach der einleitenden Lektüre dann über genügend „Stoff, aus dem die Träume sind", mit dem sie ihre eigenen Geschichten bereichern können. Die weiteren Kapitel führen nacheinander zu den verschiedensten Völkchen: in Höhlen und verborgene Winkel zu den Zwergen; nach Hause zu Wichteln und Heinzelmännchen; in den Wald und auf die Wiese zu den Elfen; auf die Insel der ewigen Jugend zu den Feen; an Quellen, Bäche, Flüsse und Seen zu Nixen, Meerjungfrauen und Wassermännern. Auch ein Blick in den hohen Norden zu den Trollen fehlt nicht – schließlich finden sich inzwischen auch in unseren Breiten immer häufiger kleine Trolle als Mitbringsel aus Urlaubstagen.

In den einzelnen Kapiteln stimmt nach einem Sachtext über Wissenswertes der jeweiligen Wesen und ihrer Zuordnung zu einem der vier Elemente eine Fantasiereise in die fantastische Welt der Zwerge, Elfen oder Trolle ein. Anschließend geht es nach draußen, ein Spaziergang führt zu entsprechenden Orten, an denen wir uns die Wesen leichter vorstellen können. Von diesem Spaziergang bringen die Kinder Naturmaterialien mit, um sich zuhause eine eigene, fantastische kleine Welt erschaffen zu können. Belebt wird diese Welt mit selbst gestalteten „Wesen aus der Anderswelt". Am Ende eines jeden Kapitels schlüpfen die Kinder dann selbst in die jeweilige Rolle, sind selbst eine Fee, eine Elfe, ein Zwerg, ein Troll, eine Meerjungfrau oder ein Wichtel und das wird dann mit passender Verkleidung, Raumdekoration, Musik, Tanz und Speise feierlich und für das entsprechende Wesen stilecht umgesetzt.

Wer will, kann die Beschäftigung mit bestimmten Naturwesen auch jahreszeitlich einteilen. So eignet sich der Herbst gut für die Beschäftigung mit den Zwergen, weil in dieser Zeit im Wald alle Baumfrüchte gesammelt werden können. Den Wichteln und Heinzelmännchen im Haus gehört die Weihnachtszeit. Für die Blumenelfen eignet sich der Frühling, weil dann alles reich blüht und alle Bäume im satten Grün stehen. Den Feen habe ich den Geburtstag des Kindes zugedacht, weil sie ja auch für den Lebensweg verantwortlich sein sollen. Für die Naturwesen des Elementes Wasser eignet sich der Hochsommer, dann können sich die Kinder auch dem Element Wasser in der Natur am besten widmen, und den Trollen ist die Zeit um Erntedank zugeordnet, dann ist es noch warm zum draußen Spielen, die Felder aber sind schon abgeerntet und es lassen sich Trolle aus Wurzeln, Kartoffeln und Maisstrünken gestalten.

Wurden alle Völkchen besucht, endet das Buch alle Wesen zusammenführend projektbezogen mit märchenhaften Theaterinszenierungen, einem großen Elfenreich als thematischer Spielaktion und einem Fantasy-Rollenspiel.

Bei all diesen Spielen vergeht die Zeit wie im Fluge, denn das sei noch angemerkt: Was uns im Elfenreich wie ein kurzer Moment vorkommt, dauert tatsächlich viele Tage!
Und so birgt das Buch Mußestunden voller Inspiration und viel Zeit zum Spielen, mit Liedern und Tänzen aus einer anderen Welt – ganz nah bei der unseren. Und alle, die sich auf das stille Volk einlassen, kommen am Ende ein wenig verändert zurück ... – das war schon immer so!

Die guten Leute aus der Anderswelt

Woher sie kommen ...

In allen Kulturen gibt es Überlieferungen von lichtvollen Geschöpfen, die in den Lüften leben, und gedrungenen, bodenständigen Wesen, die in der Erde leben. Besonders das Pflanzenreich ist überall in der Welt von geheimnisvollem Leben durchdrungen. Bei uns sind diese Wesen als Feen, Zwerge, Elfen, Nixen und Trolle bekannt, doch jedes Land und jede Zeit hat einen eigenen Namen für die verborgenen Geschöpfe der Natur.

Schon die Alten Ägypter und die Philosophen im alten Griechenland besonders waren der Ansicht, dass die vier Elemente von so genannten Elementargeistern belebt werden. Diesen Gedanken griff im Mittelalter Paracelsus, ein Philosoph und Arzt, in seiner Naturphilosophie wieder auf. Er unterteilte sie in Gnome, die zum Element Erde gehören, in Undinen (lat. „unda" die Welle), die in Quellen und anderen Gewässern leben und zum Element Wasser zählen; die Sylphen, mittelalterliche Luftgeister, die die Luft bevölkern, und schließlich die Elementarwesen des Feuers, die Salamander, wohl so benannt nach der Universität in Salamanca, die sich im Mittelalter einen Namen wegen ihrer alchimistischen Studien gemacht hatte.
Die Elementargeister, die die vier Elemente bewohnen, wurden in der nordischen Mythologie „Elbische Wesen" genannt. Man sah sie als Mittelwesen zwischen Göttern und Menschen. Die nordische Mythologie unterscheidet die Lichtelben und die Schwarzelben; zu den Schwarzelben gehören die Zwerge. Einst nämlich, so die nordische Mythologie, war die Erde der Körper des Urriesen Ymir, der von den Götterbrüdern Odin, Vili und Ve erschlagen wurde. Aus seinen Knochen entstanden die Berge, aus seinem Blut die Meere, aus seinem Schädel der Himmel und aus seinem Fleisch die Zwerge. Die Götter gaben ihnen menschliche Gestalt und Intelligenz, allerdings mussten sie unter der Erde leben. In der 1230 verfassten Snorra Edda, auch Prosa Edda genannt, eine Art Handbuch der heidnischen Mythologie von dem 1179 auf Island geborenen Geschichtsschreiber, Politiker und Dichter Snorri Sturluson, wurden die Alfar, die Elfen, in die Lichtelfen und die Dunkelelfen geteilt. Die Lichtelfen beleben nach seiner Auffassung die oberirdische Welt, die Dunkelelfen leben in der Unterwelt und sind den Zwergen gleichzusetzen.

In der germanischen Sage sind Elben oder Alben Mittelwesen zwischen Menschen und Göttern in Erde, Wasser und Luft. Das berühmte Nibelungenlied, ein Heldenlied, das sich aus verschiedenen germanischen Sagen zusammensetzt, berichtet von Siegfried, der das Zwergengeschlecht der Nibelungen überwunden und dem Zwerg Alberich (niederdeutsch: Elbenkönig) den Schatz der Nibelungen sowie die Tarnkappe entwendet.

Einer isländischen Legende zufolge wusch Eva all ihre Kinder am Fluss, als Gott zu ihr sprach. Voll Angst und Ehrfurcht versteckte sie schnell die noch nicht gewaschenen Kinder vor seinem Anblick. Gott bestimmte daraufhin, dass die ihm Verborgenen für immer verborgen bleiben sollten. So wurden diese zu Elfen und Feen und waren in skandinavischen Ländern unter der Bezeichnung „Huldre Folk" bekannt. In anderen Gegenden glaubte man, dass die Elfen und Feen gefallene Engel sind, nicht schlecht genug für die Hölle und nicht gut genug für den Himmel, und drum leben sie im so genannten „Zwischenreich".

In Irland heißen die Feen, Elfen und Zwerge Sidhe („Schie" ausgesprochen), was Hügelvolk bedeutet. Hier gibt es die Legende von feenhaften Kriegern, die vor langer, langer Zeit von einer verzauberten Insel am Ende der Welt nach Irland gekommen waren.

Die heidnischen Angelsachsen, die ab dem 5. Jahrhundert die britischen Inseln besiedelten, brachten ihren Glauben an das kleine Volk mit. Sie wussten von Berg-, Feld-, Wald- und Wasser-Elfen. Diese Vorstellung passte zu denen der keltischen Stämme, die von den Angelsachsen immer weiter verdrängt wurden. Auch die normannischen Siedler brachten ganz ähnliche Vorstellungen mit. Die heidnischen Vorstellungen überlebten das eindringende Christum und vermischten sich mit ihm.

Die Bewohner der britischen Inseln kannten viele Zauberinseln, die berühmteste ist Avalon. Im 15. Jahrhundert berichtete ein unbekannter Dichter, dass der legendäre König Artus tödlich verwundet hierher gebracht wurde, um von vier Elfenköniginnen gesund gepflegt zu werden. Noch heute, so berichtet die Sage, liegt König Artus mit seinen Rittern im tiefen Schlaf in einem verzauberten Hügel und wird wieder erwachen, wenn seine Zeit gekommen ist.

Die Geschichten von Elfen und Zwergen wurden uns durch alte Heldensagen vermittelt. Diese vermischten sich mit volkstümlichen Geschichten, aber erst im 19. Jahrhundert wurden sie aufgeschrieben und galten als romantische Reaktion gegen den sturen Vernunftglauben des 18. Jahrhunderts und der damit einhergehenden verlorenen Einheit mit der Natur. Die Vorstellung von Elfen als anmutigen weiblichen Wesen stammt aus dieser Zeit.

Der mythologische Stoff wurde weiter verarbeitet in der Dichtung. Immer wieder ist von Elfen, Feen, Zwergen und Nixen die Rede – ob im „Sommernachtstraum" von Shakespeare (1564-1616), ob in „Der Erlkönig" von Johann Wolfgang von Goethe (1749-1832), ob bei Heinrich Heine (1797-1856) „Die Loreley" oder bei Theodor Fontane (1819-1898) in „Tom der Reimer", nach einer schottischen Ballade.

Vor allem aber aus den Kinder- und Hausmärchen (1812 und 1815) der Märchensammler Jakob und Wilhelm Grimm sind uns heute noch Sagen und Legenden von Elfen, Zwergen, Nixen und Feen überliefert. Bereits 1826 übersetzten die Brüder Grimm unter dem Titel „Irische Elfenmärchen" eine Sammlung von Crafton Croker, die 1825 in Englisch erschien. Aber nicht nur die Brüder Grimm haben den alten Sagenschatz bearbeitet; da gibt es die Märchen von Ludwig Bechstein (1801-1860), „Die kleine Meerjungfrau" von Hans Christian Andersen (1805-1875) und viele vergessene Erzähler und Dichter, die sich dieses Stoffes bedienten. Und so gibt es viele Elfengeschichten aus allen Ländern der Welt. Aber auch Herman Hesse (1677-1962), Astrid Lindgren (1907-2002) mit den Naturgeistern in „Ronja Räubertochter", und nicht zuletzt John Ronald Reuen Tolkien (1892-1973), englischer Schriftsteller und Professor für germanische Philologie in Oxford mit „The Hobbit" (1937; dt. 1957), „Der Herr der Ringe" (1954, dt. 1969) und jüngst J. K. Rowling beim Hauselfen Dobby in „Harry Potter" bedienten sich des alten Wissens aus Mythen und Legenden.

Viele besonders schöne Erzählungen von Elfen, mit dem Hintergrundwissen von Elementarwesen in Luft, Wasser, Feuer und Erde, finden wir bei den Anthroposophen, einer Richtung der Theosophie begründet von Rudolf Steiner. In den Waldorfschulen und besonders Waldorfkindergärten, die nach der Erziehungslehre Steiners arbeiten, nehmen die Erzählungen und Beschäftigungen mit Zwergen und Elfen in der Kindheit besonders viel Raum ein.

In der jüngeren esoterischen (griech. „nach innen zu") Literatur finden sich sogar viele Berichte von wahrhaftigen Begegnungen mit elfischen Wesen. Ob es sie gibt? Wer weiß ...

Wer sie sind ...

In allen Erzählungen, Legenden, Mythen und Märchen werden die zauberhaften Naturgeister immer ähnlich beschrieben:
Sie können jede beliebige Gestalt annehmen und können nach Belieben sichtbar oder unsichtbar werden. Von der Größe her können sie winzig klein, aber auch riesenhaft groß sein. Auch ihr Aussehen können sie beliebig verändern. Sie können Menschen sehr ähnlich sehen, bezaubernd schön sein, aber auch grotesk und hässlich. Meist ist irgendetwas an ihrem Äußeren ungestaltet. Manche haben Schwimmhäute zwischen den Zehen. Manche haben Enten- oder Ziegenfüße, sind nasenlos und viele haben spitze Ohren. Manche haben einen Kuhschwanz. Am häufigsten tragen sie, so die einhellige Meinung, grüne Mäntel und rote Kappen, manche Elfenwesen sind blond und tragen weiße Kleider, wieder andere bedecken sich einfach mit Moos und Laub oder tragen wie die Meerjungfrauen Seehundfell und erscheinen halb tier-, halb menschenähnlich.

Über ihre Lebenserwartung ist wenig bekannt. Hin und wieder ist die Meinung zu hören, sie seien unsterblich. Andere berichten, sie hätten schon einem Zwergenbegräbnis beigewohnt. Aber alle sind sich darin einig, dass elfische Wesen mehrere hundert Jahre alt werden.

Sie verfügen meist über besondere Kräfte und können Taten viel schneller vollbringen als irgendein Mensch in gleicher Zeit. Sie spinnen, weben, bauen, buttern und backen, umsorgen Tiere – vor allem aber sind sie die Hüter der Natur. Sie haben Menschen gegenüber einen Hang zum Schabernack, drum verwenden viele Menschen in verschiedenen Ländern respektvolle Namen, um sie nicht zu verärgern: „Das kleine Volk", „Das gute Volk", „Die guten Nachbarn" oder „Das stille Volk".

Einige meiden die Nähe von Menschen, wieder andere können auf einige Zeit mit Menschen leben, so die Geschichten von Nymphen und Nixen. Manche, wie die Heinzelmännchen, schließen sich dem menschlichen Haushalt direkt an, so die Erzählungen. So manches hilfsbereite Heinzelmännchen kann jedoch, so heißt es, wird es geärgert, zum reinen Plagegeist werden. Sind wir im Einklang mit uns und der Natur, dann befördern sie unsere Taten. Pflegen und hegen wir den Garten, so sehen wir es den Pflanzen an, dann helfen auch die Naturgeister. Natürlich sollen wir sie nicht zu sehr beachten; aber wenn wir sie nicht beachten, dann werden sie sehr ungehalten über so viel Arroganz. Wir sollten also ihre Anwesenheit auf jeden Fall nicht missachten – so der Rat seit ewigen Zeiten.

Zu manchen Menschen fühlen sich diese Wesen besonders hingezogen, so zu Liebenden, DichterInnen, MalerInnen, BildhauerInnen und MusikerInnen – diese sprechen dann von „Inspiration" und „Muse" wenn sie in einer guten Schaffenszeit sind. Ob sie dann von den irdischen Unsichtbaren unterstützt werden? Wer weiß! Übrigens wollen die heimlichen Helfer keinen Dank; ein Schüsselchen Milch genügt. Fleisch und Fisch rühren sie nicht an. Wer einem Heinzelmännchen in falsch verstandener Freundlichkeit Kleidung als Dank hinlegt, begeht den größten Fehler: Das Heinzelmännchen verschwindet auf ewig und aus ist es mit dem Helfen!

Menschen sollen von elfischer Nahrung nichts annehmen, sonst bleiben sie auf ewig verzaubert. Auch ein Kuss von einem solchen Wesen verzaubert die Menschen auf Jahre. Elfische Wesen belohnen zuweilen hilfreiche Menschen mit Reichtümern und Schätzen. Das kann Geld sein, das sich immer wieder vermehrt, das kann ein Topf sein, der niemals leer wird. Allerdings hat es damit folgende Bewandtnis: Der Beschenkte soll es auf keinen Fall weitersagen, sonst erlischt der Zauber. Manchmal, bei Menschen, die ein falsches Spiel spielen, kann auch eine „Scheinbelohnung" erfolgen. Dann kann das vermutete Gold zuhause nur einfacher Staub sein. So rächen sich diese Wesen.

Alle Wesen aus der Anderswelt lieben die Musik. Ihre Musik soll fern und sehnsuchtsvoll klingen und manch ein Sterblicher, der sie gehört hat, blieb für immer verzaubert. Sie spielen auch selbst Instrumente, am liebsten die Fiedel, die Harfe und die Flöte. Auch lieben sie den Tanz. So ist die Rede von Elfenkreisen im Wald, wo Elfen die Nächte durchtanzen. Aber auch kleine Wichte tanzen für ihr Leben gern, allerdings alleine, in wilden Sprüngen.

Aus all dem Gesagten ergibt sich folgende Quintessenz:

- Elfen behüten Pflanzen und Tiere.
- Elfen erfüllen denjenigen Wünsche, die ihnen helfen und sie respektieren.
- Elfen leiten zum (umwelt-)bewussten Handeln an.
- Elfen öffnen die Augen für das Wunder des Lebens.

(Übrigens: Die Quintessenz, lat. quinta essentia, sollte in früheren Zeiten das fünfte – im Gegensatz zu den anderen vier Elementen – unwandelbare Element sein, sie bildete den Äther als Himmelsbaustoff.)

Vor der Reise in das Reich der elfischen Wesen, noch ein paar Tipps:

- Wir sollten immer mit Respekt von Elfen sprechen.
- Wir sollten etwaige Wunder nicht weitertratschen.
- Wir sollten uns, wenn wir im Wald was mitnehmen, still bedanken, so wie es früher alle Naturvölker getan haben.

Wo man sie trifft ...

Seit jeher hat sich die Menschheit Gedanken gemacht, wie sie diese Wesen aus der Anderswelt wohl sehen könnte. Die einen behaupten, man solle sich zuallererst breitbeinig in den Wald stellen, dann den Kopf nach unten hängen lassen und so durch seine Beine die Welt betrachten. Auf Dauer wird diese Weise zu kucken etwas anstrengend! Andere sagen, man solle einfach die Augen ein wenig zusammenkneifen, um besser sehen zu können. Wieder andere raten dagegen, wer schon mal meint, einen Blick von etwas zu erhaschen, solle auf jeden Fall die Augen offen halten, denn im nächsten Augenblick ist das Erahnte schon wieder weg.
Eines ist klar: Das stille Volk ist in Wirklichkeit nur mit dem Herzen zu sehen, mit dem Windhauch zu spüren, mit der Nase zu erahnen oder in der Luft zu hören.

Nun ist es nicht so, dass es irgendwo auf der Welt einen nur den Elfenwesen vorbehaltenen Platz gibt. Nach alten Überlieferungen ist immer wieder die Rede davon, dass das Elfenreich direkt in unserer Welt liegt und nur nicht von jedem Menschen gesehen werden kann. Ein Zauber oder Nebel umgibt es und so bleibt diese Welt den meisten verborgen. Es gibt Plätze, an denen sich die Wesen aus dem Elfenreich besonders wohl fühlen. Dies sind eher Orte in der freien Natur. Je unberührter und ursprünglicher die Landschaft ist, desto lieber halten sich die Wesen hier auf. Diese Orte sind nicht auf einer Landkarte verzeichnet. Man muss auch diese Plätze mit dem eigenen Herzen finden. Aber: je reizvoller ein Ort, um so größer die Wahrscheinlichkeit, dass sich hier auch Zwerge oder Elfen tummeln!

Ein beliebter Ort sind zum Beispiel alte Gemäuer. Wenn wir uns auf einer verfallenden Burg mal richtig umsehen, dann entdecken wir so viele verwunschene Ecken, in denen hier und da ein bisschen Gras aus der Mauer sprießt, einen jahrhunderte alten Baum, der sich der heutigen Zeit mutig und ehrwürdig entgegenreckt, in einem alten Brunnen einen bemoosten Meeresgott, der in Stein gemeißelt freundlich zu einem herüberblickt, oder in einem feuchten Schlosskeller einen namhaften historischen Zwerg, der einen öffentlich zum Narren hält.

Nicht anders ist es bei alten Quellen, wo wir eine Quellnymphe durch das feuchte Grün förmlich erahnen.

Und so geht es uns auch auf Waldlichtungen, die wir nach längerer Wanderung durch Tannen- und Laubwald plötzlich und unvermittelt betreten. Wir genießen die Lichtstrahlen zwischen den Baumwipfeln und können uns leicht vorstellen, dass sich des Nachts auf der Waldlichtung nicht nur Rehe treffen, sondern vielleicht ein paar Waldelfen im Mondlicht tanzen ...

Laufen wir über eine wilde Blumenwiese, können wir uns leicht kleine Blumenelfen vorstellen, die das Wachsen der Pflanzen befördern und umsorgen. Und wer einmal einen selbst gepflückten Blumenstrauß von einer solchen Blumenwiese mit nach Hause geholt hat, der erinnert sich lange an diesen eigentümlichen, würzigen Honigduft, der lange noch den Spaziergang und das dabei empfundene Glück wieder ins Gedächtnis ruft. Wie gut können wir uns bei auffälligen Baumgruppen vorstellen, dass sich nachts Baumelfen aus dem Stamm lösen, die dann über die Welt sinnieren. Nicht anders ergeht es uns an naturbelassenen Ufern von Bächen, Flüssen oder Seen. Dass hier alles von alleine so gedeihen soll, ist unvorstellbar.

Wie genießen wir die Aussicht von Kuppen von Hügeln und von Gipfeln von Bergen – und träumt nicht jeder in diesem Augenblick frei und unbeschwert über die Landschaft dahingleiten zu können? Wird es uns in einer Klamm, einer Schlucht in Gebirgen nicht wirklich klamm und fürchten wir nicht alle, von Steintrollen gepiesackt zu werden? Und wie ist es mit Höhlen, wer traut sich hinein? Nicht mal die Mutigsten aus der Kindergruppe, weil – da könnte doch noch etwas sein ... Ein alter, mürrischer Zwerg vielleicht, der den Besuch eines Menschen gar nicht schätzt? Wer weiß! Und schließlich die wilden Hecken und Gebüsche, bei denen wir von den Dornen so gepiesackt werden, als wollte uns jemand sagen: „Verschwinde gefälligst hier!" All diese Orte und noch ein paar mehr – am Meer zum Beispiel – das sind beliebte Plätze von Zwergen, Elfen, Nixen, Feen und Trollen. Fehlen noch die Wichtel und Heinzelmännchen, aber die leben ja am liebsten bei den Menschen in verborgenen Winkeln, auf Dachböden, unter Hausschwellen oder einfach unter dem Kinderbett oder auf dem Katzenplatz.

Wann man sie trifft ...

Es gibt bestimmte Tage im Jahr, so wird erzählt, da können wir dem kleinen Volk am ehesten nahe sein. Das sind zum einen die Tage, an denen schon früher, vor langer, langer Zeit – heidnische, also keltisch/germanische – Jahreszeitenfeste gefeiert wurden, die ganz stark mit der Natur verbunden waren und die unseren heutigen kirchlichen Feiertagen im Jahr fast auf den Zeitpunkt genau gleichen. Zu diesen Zeiten, so heißt es, wird die Wand zwischen den Welten dünner.

Das ist zum einen das Weihnachtsfest – und das weiß jeder, wie es an Weihnachten in allen Ecken des Hauses so wichtelt. Früher war es das Julfest. Es begann am 21. Dezember, dem Tag der Wintersonnenwende, und dauerte 12 Tage. Es war das Fest für die Wiedergeburt der Sonne. Aus dem Julfest entwickelte sich das christliche Weihnachtsfest, das in Skandinavien noch heute Jul genannt wird.

Danach folgt Lichtmess am 2. Februar. Früher wurde am Neumond nach dem Julfest Imbolc, das Fest des Lichtes, gefeiert, das sich mit den Erdkräften vereint und Fruchtbarkeit bringt.
Um Ostern herum, am 21. März, sind Tag und Nacht gleich lang. Die Tagundnachtgleiche wurde zu Ehren der Göttin Astarte (Ishtar) gefeiert, der Erdgöttin der frischen grünen Erde, der Liebe und der Fruchtbarkeit. Im Christentum entwickelte sich aus dem heidnischen Fruchtbarkeitsfest Ostern, das Fest der Auferstehung Christi.

Beltane, die Walpurgisnacht vor dem 1. Mai, war das heidnische Fest des Sommeranfangs.
Sommersonnenwende am 21. Juni ist der längste Tag des Jahres. An diesem Tag wurde der Höhepunkt der Lebenskraft gefeiert – gleichzeitig machte das Fest aber auch die Vergänglichkeit bewusst. Beim Sonnwendfeuer wurden die erneuernden Kräfte des Feuers verehrt.

Lugnasad am 31. Juli, auch Lammas oder Schnitterfest, war dem keltischen Naturgott Lug geweiht. Zusammen mit seinem Bruder Dagda und Ogma gehört er zu den drei irischen Hauptgöttern der so genannten Thuata De Danann.

An Mabon, dem 21. September, ist die Tagundnachtgleiche im Herbst. Dieses Fest ist eines der ältesten Feste der Menschheit und seit jeher ein Dankesfest an die Naturgeister der Erde. Heute wird in der Kirche Erntedank gefeiert.
Samhain, am 31. Oktober, ist das heidnische Fest des Winteranfangs. Zur Zeit des Winternachtfestes stirbt die Natur, um wieder neu geboren zu werden. Daher ehrten die Menschen an diesem Tag die Geister der Erde und ihre Ahnen.

Um es auf den Punkt zu bringen:
Besonders günstige Zeiten den Wesen der Anderswelt zu begegnen sind, so heißt es

- ❍ kurz vor Sonnenaufgang
- ❍ kurz vor Sonnenuntergang
- ❍ zur Mittagszeit, wenn die Sonne am höchsten Punkt steht
- ❍ um Mitternacht, wenn die Sonne ganz verschwunden ist
- ❍ im Frühling, wenn das Leben wieder aufblüht
- ❍ im Herbst, wenn die Reifezeit herrscht
- ❍ bei Vollmond
- ❍ bei Neumond
- ❍ an nebligen Tagen
- ❍ zwischen Tag und Nacht
- ❍ mittwochs
- ❍ und: Immer, wenn die Welt stille ist und ein besonderer Wind weht.

Die Zeit geht übrigens anders im Elfenreich:
Sind wir im Elfenreich, verlassen wir die Zeit, kommen wir zurück, haben wir mehr Zeit dort verbracht, als wir dachten. Lassen wir uns aber von unserer Zeit hetzen, nehmen wir nichts wahr. Denn die Elfenzeit ist jene Zeit, in der wir die Zeit vergessen – und die uns vielleicht einen Hauch von der Ewigkeit spüren lässt.
Darum abschließend noch Folgendes:

Die drei goldenen Schlüssel zum Elfenreich

- ❍ Die Zeit vergessen
- ❍ Mit dem Herzen schauen
- ❍ Mit Achtung und allen Sinnen der Natur begegnen.

Wenn alles anders ist

Nr. 1
Text: H. E. Höfele
Musik: W. Bender

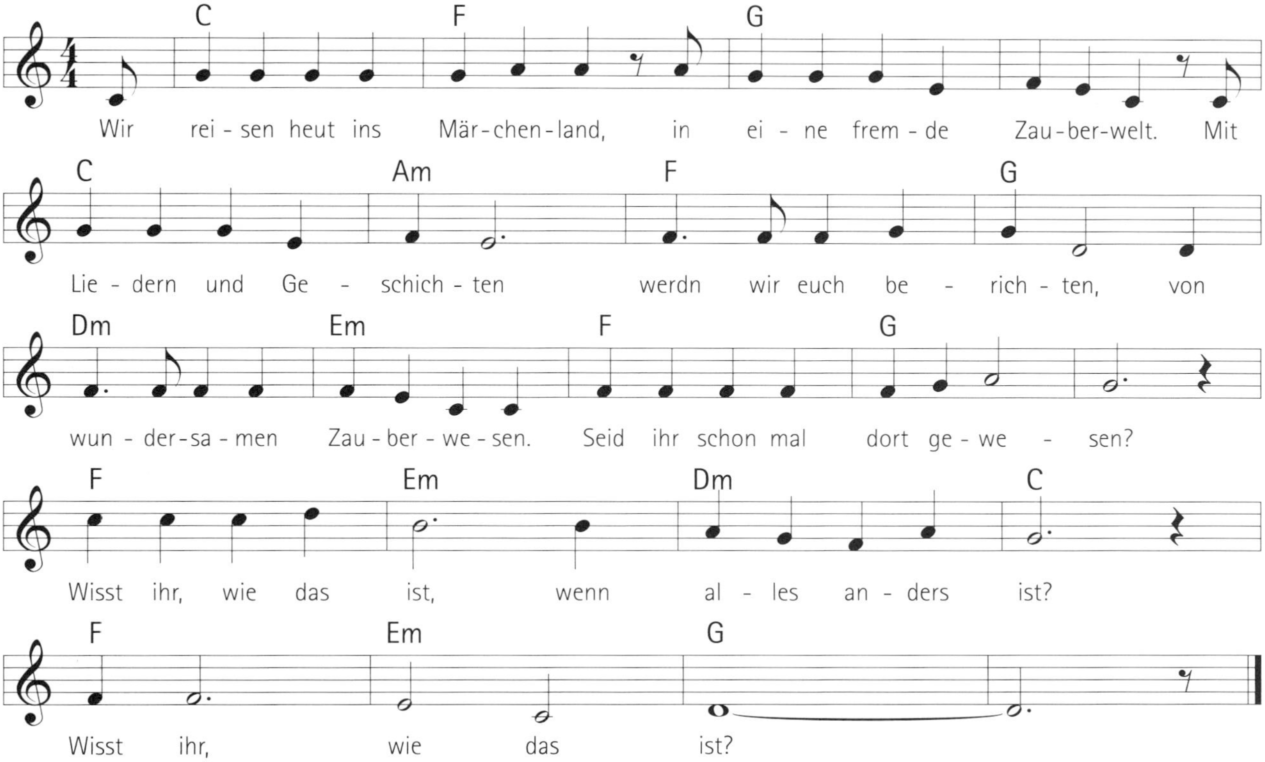

1. Wir reisen heut ins Märchenland
In eine fremde Zauberwelt
Mit Liedern und Geschichten
Werden wir euch berichten
Von wundersamen Zauberwesen
Seid ihr schon mal dort gewesen?

Wisst ihr, wie das ist
Wenn alles anders ist ...
Wisst ihr, wie das ist?

2. Wenn Wichtel nachts durch Straßen huschen
Trolle tolle Sprüche tuscheln
Riesen kleine Zwerge necken
Gnome Menschenkinder schrecken
Seid ihr schon mal dort gewesen?

Wisst ihr, wie das ist
Wenn alles anders ist ...
Wisst ihr, wie das ist?

3. Wenn Zauberfeen durch Wolken wehen
Bäume sich im Kreise drehen
Musik im Wald des Nachts erklingt
Der Wassermann sein Liedlein singt
Seid ihr schon mal dort gewesen?

Wisst ihr, wie das ist
Wenn alles anders ist ...
Wisst ihr, wie das ist?

In Höhlen und verborgenen Winkeln - bei den Zwergen

Das Reich der Zwerge

Die Zwerge sind ein kleinwüchsiges Volk, von menschenähnlicher Gestalt. Obwohl sie nicht größer als einen Meter werden, verfügen sie über riesige Körperkräfte, denn sie sind von stämmiger Statur. Diese Kräfte können sie auch gut brauchen, arbeiten sie doch hart im Bergbau. Tief im Berg höhlen sie Gänge und Nischen aus, in denen sie sich gemütliche Wohnungen bis hin zu prächtigen Palästen bauen. Die Zwerge haben große Reichtümer angesammelt, die sie in ihren unterirdischen Behausungen verbergen. Da sie sich in den Bergen gut auskennen, wissen sie auch, wo sich im Berg wertvolle Metalladern befinden. So galt früher bei Bergleuten, wenn sie unter Tage arbeiteten, ein heimliches Klopfen mit Pickel und Hammer als gutes Zeichen für eine ergiebige Ader. Bergleute, so heißt es, bekommen manchmal durch Zufall einen Zwerg zu Gesicht. Dann verhalten sich die Zwerge in der Regel höflich, aber distanziert. Da es sich bei den Zwergen um ein sehr traditionsbewusstes und

stolzes Volk handelt, ist es nicht ratsam, sie zu beleidigen. Auf Kränkungen reagieren sie sehr empfindlich und sind schnell bereit für ihre Ehre auch mit Waffengewalt einzutreten.

Zwerge setzen ihr Können auch in der Metallbearbeitung ein. Da sie, wie es heißt, über magische Kräfte verfügen, geht die Herstellung vieler sagenumwobener Gegenstände auf ihr Volk zurück.
So lesen wir in der Snorra Edda, dass Zwerge geschickte Handwerker waren, die den Göttern magische Dinge fertigten:
Für Thor selbst schmiedeten sie den Donnerhammer Mjöllnir, der dem Gott nach jedem Werfen wie ein Bumerang in die Hand zurückkehrte. Für Odin, den germanischen Gott der Winde, schmiedeten sie den siegverleihenden Speer Gungnir. Für Loki, den Feuergott, fertigten sie Draupnir, einen goldenen Armring, der sich in jeder neunten Nacht vermehrt, indem er acht neue Ringe hervorbringt. Es heißt, Loki habe einmal dem Zwergen Andwari dessen Schätze abgeschwatzt. Andwari behielt aber heimlich einen Ring, den magischen Ring Andwarnaut, mit dem er sich wieder einen neuen Schatz schaffen wollte. Als Loki das bemerkte, stahl er den Ring. Andwari hatte diesen zuvor verflucht, sodass er jedem Besitzer tödliches Unheil brachte.

Über den Ursprung von Zwergen gibt es ganz unterschiedliche Theorien. Schon altägyptische Texte erwähnen Zwergengötter. Bekannt ist uns der griechische Gott Hephaistos, den die Römer später Vulkanos nannten. Er schmiedete im Inneren eines Vulkanes Wunderwaffen für Zeus. Die Daktylen (griech. Daktylos: Finger) waren Zwerge, die im kretischen Idagebirge als Erste Eisen gewannen und schmiedeten.

Das Wort Zwerg ist übrigens ein germanisches Wort, das in ähnlichen Lautungen in verschiedenen Sprachen vorkommt. Althochdeutsch hieß es „twerc", englisch „dwarf", schwedisch „dvarg", dänisch „dverg".
Mit dem Volk der Zwerge verwandt sind Gnome, Kobolde, Trolle, Wichtel, Heinzelmännchen, Dunkelfen, irische Leprechauns, die englischen Brownies, die schottischen Goblins, schwedischen Tomte, norwegischen Nisse, schweizerischen Herdmandli und alle Bergmännle, Erdmännle, Butzemännle, Graumännchen sowie auch die holländischen Kaboutermannekens. Sie wohnen in Höhlen, sind hilfreich, den Menschen gut gesinnt und dankbar. Sie freuen sich über Butterbrot und Bier. Gemeinsam ist dem ganzen Zwergenvolk samt Anverwandten, dass die Erde ihr Element ist. Und weil sie so irdisch sind, sind sie den Menschen am nächsten. Das Element Erde symbolisiert Festigkeit, Gesundheit, materielles Sein, Standhaftigkeit und Lebenskraft.

Das Aussehen der Zwerge kann ganz unterschiedlich sein. Die bei uns bekannten Zwerge tragen gerne die typische Kleidung eines Bergmannes, mit blauer Jacke, roten Hosen, schwarzen Stiefeln, mit Axt oder Spitzhacke oder einem Laternchen ausgestattet. Wir kennen sie von den vielen in Ton oder Plastik gegossenen Gartenzwergen, die zuerst in viktorianischen Gartenanlagen des englischen Adels im 19. Jahrhundert auftauchten und heute in manchem Vorstadtgärtchen mehr oder weniger kitschig zu sehen sind. Alle Zwerge sehen bärtig und alt aus. Das rührt daher, dass sie bereits mit drei Jahren erwachsen sind und mit sieben Jahren einen grauen Bart haben. Die rote Zipfelmütze unserer Zwerge erinnert an eine Kopfbedeckung der Römer, die das Zeichen freigelassener Sklaven war. Auch die Jakobiner der französischen Revolution wählten diese rote Mütze als ihr Symbol der Freiheit.

Alle anverwandten Erdmännlein sehen häufig erdig, pilzig, wurzelig, baumartig und knorrig aus. Wenn sie überhaupt Kleider tragen, dann meist aus grobem Stoff. In Irland sind die Erdgeister ausschließlich grün gekleidet, in Schottland braun. Die Zwerge bei uns im Wald sind im Grunde ebensolche Erdgeister, die sich Menschen aber gerne in der typischen Kleidung eines Bergmannes zeigen, weil dies für das menschliche Auge gewohnter ist. Der Grund, warum sich Zwerge Kindern meist nur in Daumengröße zeigen, liegt darin, dass sie sie nicht erschrecken wollen.

Allgemeine Hinweise zum Einsatz von Fantasiereisen

- Bei Fantasiereisen werden die ZuhörerInnen in der Fantasie an Orte geführt, die mit Entspannung in Verbindung gebracht werden. Im gesprochenen Text sind möglichst viele Sinneseindrücke eingearbeitet (sehen, hören, riechen, schmecken, fühlen), so dass bei den ZuhörerInnen in der Fantasie möglichst lebendige innere Bilder entstehen können. Durch dieses innere Erleben werden im Gehirn Prozesse in Gang gesetzt, die realen Erlebnissen entsprechen. Wir fühlen uns zum Beispiel nach einer Fantasiereise ans Meer tatsächlich erholter.
- Voraussetzung zum Gelingen einer Fantasiereise ist eine angenehme Umgebung (drinnen oder draußen), eine gemütliche Sitz- oder Liegeposition und genügend Pausen beim Erzählen, damit die ZuhörerInnen zu dem Gesagten eigene Assoziationen entwickeln können.
- Jede Fantasiereise endet mit einer angeleiteten Rückführung zum Hier und Jetzt. Die TeilnehmerInnen dehnen sich danach wie nach einem gesunden Schlaf, recken sich und schütteln Arme und Beine aus, um wieder fit zu werden.
- Eine Fantasiereise eignet sich als Einführung in die folgenden Themen gut, weil jedes Kind seine eigenen Vorstellungen von den Naturwesen hat und diese dann auch nach der Fantasiereise mitteilen kann.

Fantastische Reise in das Reich der Zwerge

Alter: ab 4 Jahren
Material: evtl. Entspannungsmusik mit Naturgeräuschen des Waldes, evtl. ätherisches Öl (z. B. Weißtanne) und Duftlampe

„Stellt euch vor, an einem schönen Herbsttag unternehmt ihr mit eurer Familie einen Waldspaziergang. • Ihr lauft auf einem Waldweg, der Boden unter euren Füßen ist weich und erdig. • Die Luft ist würzig und frisch. Ihr atmet tief ein. • Die Septembersonne vergoldet die Blätter der Bäume und rings um euch ist goldenes Laub. • Auch der Boden ist mit goldenem Laub übersät. • Es scheint, als sei die ganze Natur vergoldet. • So lauft ihr dahin und atmet tief die frische Waldluft ein. • Der Weg führt tiefer in den Wald und der Baumbestand ändert sich. Statt der Laubbäume säumen dunkelgrüne Tannen nun den Weg. • Am Fuße der Tannen wedeln Farne, als wollten sie euch winken. • Im Tannenwald ist es stiller als im Laubwald. • Die Luft wird würziger. • Am Wegesrand steigt der Waldboden an und hier und da blickt ihr in Nischen des Waldes. • Auf alten Baumstämmen wachsen kleine Moosgärtchen, stellenweise seht ihr auch kleine Pilze. • Alles sieht so ordentlich aus, als seien diese Gärten von einem Zwerglein extra angelegt und liebevoll gepflegt worden. • Stellt euch vor, ihr würdet tatsächlich so ein Zwerglein sehen können, das gerade bei seiner Arbeit ist. • Wie sieht es aus, euer Zwerglein? • Was hat es an? • Was macht es gerade? • In euren Gedanken schenkt euch das Zwerglein einen schönen Stein. Stellt euch vor, wie dieser Stein aussieht. • Das ist ein Zauberstein, der euch hilft, stark und selbstbewusst zu werden. • Ihr bedankt euch für das Geschenk und geht in Gedanken den Waldweg zurück zum Ausgangsort. • Ihr beendet den Spaziergang in die Fantasie und kommt langsam wieder hierher zurück."

Hinterm Berge wohnen Zwerge

Nr. 3

Text: S. Steffe
Musik: W. Bender

2. Zwackel schaukelt das Laternchen
Auf und ab – und hin und her
Steht auf einem Zappelbeinchen
Und das Bäuchlein wackelt sehr.
In dem Wald, da wohnen Wichtel
Murmeln leise: Blablabla
Wollen um die Wette dichten
Finden Lieder wunderbar.

3. Wachtel fängt so an zu lachen
Hihihi und hohoho
Hört den Ast leider nicht krachen
Und sitzt – plumps – auf dem Popo.
Wuchtel muss ganz plötzlich niesen
Hatschipi und hatschipu
Fällt vom grünen Tannenriesen
Und im Wald ist wieder Ruh'.

Zwergenspaziergang im Wald

Alter: ab 4 Jahren
Ort: ein möglichst urwüchsiger Wald
Material: pro Kind eine Tasche zum Sammeln von Naturmaterialien, diverse Fernrohre

Auf dem Weg zum Wald werden die Kinder auf die Zwergensuche eingestimmt. Die Kinder erzählen dann meist schon von selbst, wo sie überall Zwerge vermuten.

Rechts und links des Weges – aber immer in Sichtweite – machen sich die Kinder auf die Suche nach Anzeichen für das Wirken der Zwerge im Wald. Sie untersuchen alte Baumstämme, blicken zwischen freigelegte Wurzeln, schauen vorsichtig in kleine Höhlen ...

Haben die Kinder ausreichend Einblicke in die Zwergenwelt bekommen, sammeln sie Naturmaterialien, um zuhause ein eigenes Zwergenreich zu gestalten. Nicht fehlen sollte ein Stück Rinde, damit das Zwergenreich eine Unterlage hat. (siehe dazu „Zwergenreiche für zu Hause", S. 22)
Hinweis: Nur Dinge sammeln, die auf dem Boden liegen, kein frisches Grün von Pflanzen abreißen. Auch Pilze stehen lassen. Sie können giftig sein.

Übrigens: Es wird auch erzählt, dass sich Zwerge, um sich zu verstecken, gerne in Pilze verwandeln ...
Und noch etwas: Wenn sich die Gruppe verlaufen sollte, dann sind bestimmt die Pixies dran schuld! Das sind Wichtel aus Irland und die Iren sind überzeugt davon, dass ein Wanderer, der auf einen als Grasbüschel getarnten Pixie tritt, von diesem in die Irre geleitet wird ...

Spiele im Zwergenwald

Das Zwergenringlein

Alter: ab 4 Jahren
Ort: ein möglichst urwüchsiger Wald
Material: 1 Spielzeugring

Die Spielleitung steckt zu Anfang eines Spazierganges unbemerkt ein kleines Ringlein an den Ast eines Baumes und zwar in solch einer Höhe, dass sie gerade noch daran reichen kann, die Kinder den Ring aber nur sehen können.
Auf dem Rückweg halten nun alle Ausschau nach dem Ring. Wer ihn findet, ist der Hüter des Ringes – bis zum nächsten Spaziergang.
Wird der Ring nicht gefunden, dann konnte ein Zwerg wohl nicht widerstehen ... Vielleicht rückt er ihn ja beim nächsten Spaziergang wieder heraus.

Mit dem Fernglas in den Wald schauen

Alter: ab 4 Jahren
Material: ein oder mehrere Ferngläser

Zwergenplätze zu finden gelingt ganz leicht, wenn die Kinder mit dem Fernglas einmal nicht vom Wald ins weite Tal schauen, wie es gewöhnlich ist, sondern vom Wegesrand in den Wald hinein. Tiefe Einsichten in die Zwergenlandschaft gewinnen die Kinder, wenn der Wald leicht ansteigt.
Da sie auf diese Weise immer nur einen kleinen Ausschnitt des Waldes unter „die Lupe" nehmen und die eigentlich entfernt liegenden Plätze im Waldesinneren auf einmal durch das Fernglas ganz nah sehen, verwandelt sich der scheinbar gewöhnliche Wald im Handumdrehen in einen Märchenwald.

Sie sehen Farngärtchen, entdecken unter einem umgefallenen Baum kleine Höhlen, ihr Blick fällt zufällig auf ein besonders schönes Moos- oder Grasplätzchen ...
Die Kinder schauen abwechselnd durch das Fernglas und zeigen den anderen die neu entdeckten Zwergenplätze.

Versteinert

Zwerge meiden das Sonnenlicht, denn wenn sie vom Sonnenstrahl getroffen werden, versteinern sie und müssen warten, bis sie ein anderer Zwerg berührt, um sie wieder aus der Verzauberung zu lösen.

Alter: ab 4 Jahren
Ort: ein möglichst urwüchsiger Wald
Material: keines

Die Spielleitung geht voran, die Zwerge folgen ihr unauffällig. Dreht sie sich um, müssen alle Zwerge sofort in ihrer jeweiligen Haltung verharren. Sie wählt einen besonders schön versteinerten Zwerg aus, tippt ihn mit dem Finger an, er ist entzaubert und darf jetzt vorangehen.
Alle Zwerge sind erlöst und das Spiel beginnt von vorne.

Tarnkappe

In vielen Sagen ist die Rede von einer Tarnkappe, die deren Träger unsichtbar macht. In der Nibelungensage entwendet Siegfried dem Zwergen Alberich seine Tarnkappe.

Alter: ab 5 Jahren
Spielort: Spielfläche im Freien, am besten auf einer Waldlichtung
Material: 1 Mütze

Die Kinder stehen im Kreis. Jedes Kind schaut sich nach einem möglichen Versteck um. Hat jedes Kind in Gedanken einen Platz gefunden, beginnt das Spiel.

Die Spielleitung wirft einem Kind die Tarnkappe zu. Sofort müssen die anderen Kinder in die Hocke gehen, die Augen schließen und laut bis fünfzig zählen. (Die Spielleitung zählt laut mit.)
In der Zwischenzeit zieht sich das Kind die Tarnkappe auf und wird „unsichtbar" (versteckt sich in seinem Versteck, die Spielleitung behält das Kind im Auge, damit keine gefährliche Situation entstehen kann.)
Bei „Fünfzig" öffnen alle die Augen und schauen sich im Wald um. Kann jemand was entdecken? Die Kinder laufen ins Unterholz und suchen das unsichtbare Kind. Wer es zuerst findet, nimmt die Tarnkappe an sich und wirft in der nächsten Spielrunde die Tarnkappe.

Der Bläuling

Immer wenn ich mit meinen Eltern spazieren ging, war es soweit: Je weiter wir uns von unserer Wohnsiedlung entfernten und je tiefer wir in den Wald vordrangen, um so mehr vollzog sich eine innere Wandlung mit mir. Ich wurde still und stiller, ich ging langsam weg vom Hauptpfad für Spaziergänger. Ich suchte rechts und links des Weges kleine Pfade, musste mich unter Zweigen bücken, staunte über manchen Pilz, der aussah, als sei er gerade aus dem Boden geschossen, und entdeckte manches geheimnisvolle Plätzchen, das bestimmt in Zwergenhand war.
Meine Eltern drehten sich immer mal wieder nach mir um, ob ich denn auch noch da sei. Zwar konnten sie mich immer noch sehen, aber ich genoss die Abgeschiedenheit und Stille des Waldes. Nein, einsam war ich nicht, überall entdeckte ich kleine hügelige Behausungen, kleine Zeichen, die für mich eindeutig darauf hinwiesen, dass ich nicht allein war im Wald, sondern umringt von kleinen Verwandten des stillen Volkes. Ich selbst trug damals, wie es so üblich war, einen Anorak mit Kapuze. Da mein Anorak immer blau war, brachte er mir den Namen „Bläuling" ein. Zuhause war ich das ganz normale Mädchen mit Puppenecke und ein paar Matchboxautos meines älteren Bruders. Aber im Wald vollzog sich diese Wandlung mit mir: Ich war der Bläuling.

Der Bläuling war ein ganz stiller, scheuer Bursche, der die Einsamkeit liebt, aber, wenn es dunkel wurde im Wald, manchmal auch zu den Menschen mit nach Hause ging. Da stand er dann in der Hausecke, den Kopf nach unten, und nur weil die Mutter wissend freundlich und ruhig fragte: „Na Bläuling, kommst du mit uns nach Hause?", konnte er mit ihr die Treppen hoch steigen und es genießen, wenn seine eingefrorenen Hände und Zehen wieder auftauten.
Noch lange war ich an so einem Abend dann stumm und genoss heimlich das warme Essen der Menschen ...

Viel, viel später erzählte mir meine Tochter, wenn wir gemeinsam im Wald spazieren gingen, wo welcher Zwerg wohnt. Einzelheiten weiß ich nicht mehr, ich weiß nur noch, dass ihr der Mund so überging, dass sie gar kein Ende finden konnte. Ob sie auch den Bläuling kennt? Wer weiß ...

Zwergenreiche für zu Hause

Zwergengärtchen

Alter: ab 4 Jahren
Material: alle möglichen Naturmaterialien (bemooster Stein oder Rinde, Halbedelsteine, kleine Hutzeln, evtl. Zweiglein mit Hagebutten)

Aus den beim Zwergenspaziergang (siehe S. 18) gesammelten Naturmaterialien gestaltet sich jedes Kind ein Zwergengärtchen.
Die Kinder wissen meist selbst, wie sie da vorgehen können. Geschickt ist es, wenn ein flacher Stein, eine größere Rindenschale oder einfach ein Fleckchen Moos als Boden dient.
Darauf arrangieren sie die anderen gesammelten Naturmaterialien, wie Tannenzapfen, Steine, Zweiglein o. Ä., sodass eine Landschaft entsteht, die einem Zwerglein gehören könnte.
Belebt werden die Zwergengärtchen mit selbst gestalteten Zwergen. (siehe S. 24)

Zwergenhütte

Alter: ab 5 Jahren
Material: 14 frische Weiden oder Haselnussruten (ca. 10 cm lang) und 4 Ruten (ca. 50 cm lang), 1 Baumscheibe pro Kind (sonst dünnes Brettchen aus Abfallholz), Moos, Binsen oder Schilf, Bohrer, Kuchenteller, Bleistift, etwas Bastelleim

Den Kuchenteller auf die Baumscheibe legen und mit dem Bleistift umranden.
Entlang des Kreises Löcher (ca. 1 cm tief) im Abstand von ca. 3 cm bohren. Bei jüngeren Kindern die Bohrlöcher vorbohren.
Die Ruten am Ende mit etwas Leim bestreichen und ringsherum in die Löcher stecken.
Mit Bast, Binsen oder Schilf umflechten, dabei einen Eingang freilassen.
Drei Weidenruten à 50 cm über Kreuz als Dach in den Flechtzaun stecken und mit Bast an der Kuppel zusammenbinden. Die vierte Rute zur Stabilisierung in der Mitte der Kuppel im Kreis herum anbinden.
Die Zwergenhütte mit Moosflecken oder Blättern bedecken.

Zwergenhöhle im Garten

Alter: ab 4 Jahren
Ort: leicht ansteigender Hang!
Material: Stöckchen (ca. 30 cm lang), Moos (zum Abdecken)

Die Grasnarbe am Hang ein wenig entfernen.
Einige Stöckchen aufrecht so in den Hang stecken, dass hinten etwas kürzere und vorne längere Stöckchen stehen.
Mit weiteren Stöckchen um das Gerüst herumflechten.
Für das Dach einige Hölzchen darüber legen und das Ganze mit der geschälten Grasnarbe wieder bedecken.

Birkenpilzwohnung

Alter: ab 5 Jahren
Material: Birkenrinde oder andere Rinde, Kokosnuss, Säge, Moos oder großes Blatt

Die Kokosnuss teilen und das Innere essen!
Die Rinde zum Ring biegen und eine halbe Kokosnussschale als Dach darauf setzen.
Die Rinde ein wenig einreißen, damit eine Türöffnung entsteht.

Wurzelwohnung für Zwerge

Alter: ab 4 Jahren
Material: Wurzelfindling, Kaffeelöffel

Alle verrotteten Teile der Wurzel mit dem Kaffeelöffel im Freien aushöhlen. Es entstehen kleine Nischen – wie kleine Zwergenhöhlen.
Die Wurzel genau von allen Seiten betrachten, bis ihre optimale Aufstellung gefunden ist.
Bestimmt bevölkern die Knetzwerge (S. 24) die kleinen Höhlen schnell.

Zwergenhäuschen im Baumstamm

Alter: ab 5 Jahren
Material: verrottete Baumstümpfe im Wald, kleine Schaufel

Wenn die Kinder aufmerksam durch den Wald laufen, entdecken sie häufig auch verrottete Baumstümpfe. Natürlich können sie nicht beliebig große Baumstümpfe mit nach Hause schleppen. Die ideale Größe für ein Zwergenhäuschen liegt bei einer Höhe von ca. 30 cm und einem Durchmesser von 20 cm. Diese Baumstümpfe lassen sich ganz leicht vom Waldboden abnehmen, müssen aber vorsichtig transportiert werden, sonst zerbrechen sie, bevor sie zu Hause angelangt sind.
Mit einer kleinen Schaufel entfernen sie nun vorsichtig das Innere des verrotteten Bäumchens (wegen den Kleintieren am besten vor (!) der Haustüre).
Mit einem einfachen Messer lassen sich nun Fensterchen und Türchen nach Belieben ausschnitzen.

Zwerge selbst gemacht

Knetzwerge

Alter: ab 4 Jahren
Material: normale Knete

Ganz leicht lassen sich Zwerge aus normaler Knete formen. Jedes Kind kann hier probieren, wie es am besten einen Zwerg formt.
Ganz einfach geht es z. B. so:
Eine Kugel für den Bauch formen, darauf eine kleinere Kugel für den Kopf setzen.
Ein großes Dreieck kneten, um Körper und Kopf legen, mit dem Finger die Spitze des Dreiecks zur Zwergenmütze verstreichen und die beiden Ecken rechts und links als Zwergenmantel um den Bauch des Zwerges legen.
Den Bart als kleines Dreieck mit einer anderen Farbe kneten, mit dem Finger andrücken und verstreichen. Für Augen und Nase kleine Kügelchen formen und ebenfalls andrücken.

Zwerge aus Knetwachs

Alter: ab 4 Jahren
Material: Knetwachs (schwarz, blau, rot, gelb und braun)

Aus gelbem Knetwachs eine Kugel als Bauch formen und eine zweite als Gesicht auf den Bauch setzen.
Aus schwarzem Wachs zwei Schuhe unter den Bauch drücken.
Aus dem blauen Wachs einen Zwergenumhang formen und um den Bauch legen. Aus rotem Knetwachs eine Zwergenmütze gestalten, aushöhlen und auf den Kopf setzen.
Zwei kleine Kügelchen als Hände rechts und links unter dem Umhang vorgucken lassen.
Aus braunem Knetwachs einen Bart gestalten und ebenfalls andrücken.

Filzzwerge

Alter: ab 5 Jahren
Material: kleine Filzstücke (10 x 10 cm), Märchenwolle (hautfarben), Nadel, Faden, Schere

Den Filz einmal falten. Den oberen Rand etwas abschrägen (Zipfelmütze). Die offene Längskante von unten bis zur Hälfte schräg schneiden, in die obere Hälfte für das Gesicht einen Halbkreis schneiden. Die Kapuze oben und den Umhang vorne zunähen. Mit Märchenwolle ausstopfen.

Zwergenbabys

Material: Walnussschalenhälfte, Märchenwolle (zwei unterschiedliche Farben), Knetwachs, Knete oder einfache Holzperle

In eine Walnusshälfte ein pflaumengroßes Stück Märchenwolle als Bettchen (Deckbett und Kopfkissen) zurechtzupfen und hineinlegen.
Aus der anderen Märchenwolle eine Zipfelmütze formen und um den Zwergenkopf (Kugel aus Knete oder Holzperle) wickeln.
Den Kopf zwischen Deckbett und Kopfkissen stecken – fertig ist ein Zwergenbaby samt Bettchen.

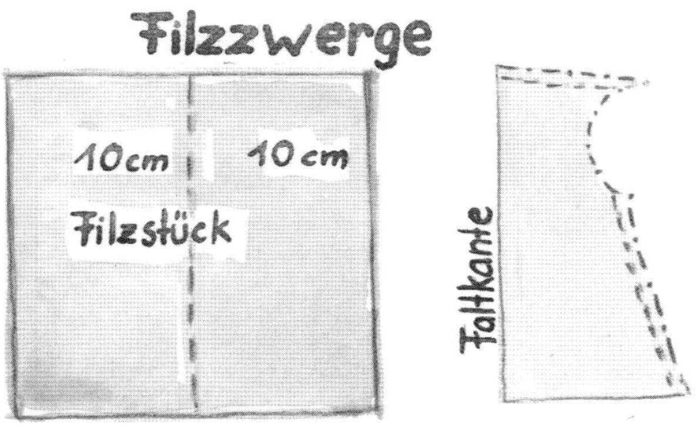

Zwerg Alberich – Hüter der Zwergenschätze

Zwerg Alberich ist schon viele hundert Jahre alt. Bereits in den germanischen Heldensagen wird er erwähnt, ist vielen auch bekannt als Auberon und in Frankreich als Oberon.
Er trägt einen blauen Bergarbeiterkittel, mit schwarzem Gürtel um den Bauch geschnürt, schwarze Hosen und schwarze Lederstiefel. Auf dem Kopf trägt er eine rote Mütze. Zwerge lieben es, in der Tracht herumzulaufen, die modern war zu der Zeit, als die Menschen begannen im Bergbau zu arbeiten.
Die Arme vor der Brust verschränkt steht Alberich in typischer Bergmannskluft am Eingang eines inzwischen stillgelegten Bergwerkes. In der Hand hält er eine Grubenlaterne, um die Gänge, die in den Berg führen, besser ausleuchten zu können.

Früher einmal diente dieser Eingang den Bergleuten als Einfahrt in das Bergwerk. Sie förderten Steinkohle. Die Menschen hatten große Ehrfurcht, in das Berginnere zu fahren. Sie achteten die Zwerge, da sie die Bergleute immer wieder mit ihren Klopfzeichen warnten, wenn ein Stollen einzustürzen drohte, oder sie machten manches Mal durch ihr Klopfen darauf aufmerksam, dass eine reiche Erzader in der Nähe lag. Diese Zeit ist lange vorbei und der Stollen dient heute nur noch Schulklassen zu Besichtigungszwecken.

Langsam steigt Zwerg Alberich hinab, nur spärlich ist der Weg nach unten durch seine Laterne beleuchtet. Immer wieder macht der Gang eine Windung, sodass nie klar ist, was um die nächste Ecke sein wird. Die Felsenwände rücken näher aneinander. Die Luft wird immer stickiger und wärmer und der Gang immer niedriger. Hier unten, tief im Berge, lebt und arbeitet Alberich. Sein Weg führt vorbei an einer langen Ahnengalerie. Auf den Bildern sind Zwerge aus aller Welt zu sehen, irische Leprechauns, holländische Kabouter oder schweizer Erdmannli. Die einen schmieden Waffen, die anderen kostbare Ringe. Auch Zwerg Andwari, der Großvater von Alberich, ist in der Ahnenreihe vertreten. Und auf einem wunderbaren Ölgemälde mit einem Rahmen aus purem Gold ist Laurin, der König der Zwerge, abgebildet.

Der Gang macht noch eine letzte Biegung und da ist sie: die Schatzkammer des Zwergen Alberich. In der von glänzenden Gold- und Silberleuchtern prachtvoll ausgestrahlten Höhle funkeln sie nur so, die wertvollen Metalle und Edelsteine. Viele Menschen kämpften schon um diese Reichtümer, um solchen Glanz. Doch hier im Zwergenreich zählt der äußere Schein der Mineralien weniger, als vielmehr deren heilende Wirkung.
Gerade holt Alberich noch aus einer Schatzkiste eine Hand voller Edelsteine – doch da, da ist er kaum noch zu erkennen, das Bild wird unscharf, es verschwimmt ...

Verschwunden ist Zwerg Alberich, verschwunden ist die unterirdische Schatzkammer. War alles nur ein Traum, ein Trugbild?
Was bleibt, ist eine Hand voller Edelsteine, wie wir sie oft in Händen halten.

Zwergenschätze

Die Heilkraft der Steine

Im Erdinneren befindet sich das Magma, eine zähflüssige Glut, die manchmal aus Vulkanen zum Ausbruch kommt. Diese Glut kühlt ab und verdichtet sich in vielen Millionen Jahren auch im Erdinneren. Ist das Endprodukt ein einheitlicher Stoff, so spricht man von einem Mineral, besteht es aus einem Stoffgemisch, so spricht man von einem Gestein.
Den Mineralien wird aufgrund ihrer chemischen Zusammensetzung eine Heilwirkung zugeschrieben.
Hinweis: Es gibt Mineralogen, die sich mit der Heilwirkung der Steine befassen. Besonders empfohlen sei Michael Gienger mit seinem Handbuch zur Steinheilkunde (s. Anhang), auf dessen Wissen ich mich nachfolgend beziehe.

Achat (blau, braun, rot, und gelb)
Achat stand in der antiken Welt sowie in Indien, Nepal und Tibet als Schutzstein und Glücksbringer in hohem Ansehen. Er vermittelt Schutz, Geborgenheit und Sicherheit, indem er innere Spannungen löst.

Amethyst (violett)
Der Name Amethyst stammt aus Griechenland und bedeutet „unberauscht" amethystos. Er hat eine klärende Wirkung und hilft gegen schlechte Träume, wenn er unter das Kopfkissen gelegt wird.
Aquamarin (blaugrün bis blau)
Aquamarin (lat. „Meerwasser") fördert geistiges Wachstum. Er bringt Leichtigkeit und heitere Gelassenheit. Körperlich ist er gut gegen Allergien.

Bergkristall (klar)
Er galt in allen Kulturen als Heil- und Zauberstein. Er verbessert Wahrnehmung und Verstehen. Bergkristall stärkt die Nerven, gibt Energie, senkt auch das Fieber und lindert Schmerzen.

Calcit (unterschiedliche Farben)
Calcit schenkt Stabilität, Selbstvertrauen und Standhaftigkeit. Fördert das Vermögen, Ideen in die Tat umzusetzen. Körperlich stoffwechselanregend, wachstumsfördernd und immunstärkend bei Kindern.

Hämatit (silbrig-schwarz)
Hämatit stärkt den Willen und macht unerfüllte Wünsche bewusst. Körperlich wirkt er blutstillend.

Heliotrop (grün mit roten Pünktchen)
Heliotrop bedeutet griechisch „Sonnenwender" was auf seine starke Heilkraft verweist. Dieser Stein stärkt die Abwehrkräfte.

Karneol (orange-rot)
Karneol kräftigt das Herz, stärkt das Gemüt und soll auch zornmildernd wirken.
Lapislazuli (blau)
Lapislazuli fördert die Weisheit und innere Wahrheit. Er gilt als Stein der Freundschaft.

Mondstein (Pastelltöne bläulich)
Der Mondstein wird dem Mond zugeordnet und gilt als Gefühlsstein und Glücksstein.

Moosachat (grün ohne Punkte)
Moosachat stärkt die Liebe zur Natur. Er bringt der Seele Erholung.

Pyrit (metallisch)
Pyrit bedeutet Feuerstein, da er beim Aufschlagen Funken sprüht. Er fördert Selbsterkenntnis.

Rosenquarz (rosa)
Rosenquarz fördert Herzenskraft und Romantik.

Smaragd (smaragdgrün)
Smaragd fördert geistiges Wachstum und den Sinn für Schönheit. Er hält geistig jung.

Türkis (türkisblau)
Türkis muntert auf und schützt bei Empfindlichkeit gegen äußere Einflüsse. Türkis macht bewusst, dass man selbst seines Glückes Schmied ist.

Zwerg mit Schatz am Band

Alter: ab 8 Jahren
Material: 1 Edelstein, Fimo (braun), Zahnstocher, brauner Lederbändel

1. Nach unten stehender Skizze aus Fimo zuerst ein ca. 2 cm langes Röllchen formen und dieses als „Beine" um die obere Steinhälfte legen.
Mit dem Zahnstocher auf jeden „Fuß" drei kleine Kerben als „Zehen" ritzen.
2. Einen kleinen Kugelbauch so dick wie die Kuppe des kleinen Fingers formen und auf die obere Hälfte des Steines auf die Schlaufe der „Beine" drücken.
3. Mit einem 2 cm langen Röllchen „Arme" formen und auf den „Bauch" setzen.
4. Die nächste kleinere Kugel als Kopf aufsetzen. Mit dem Zahnstocher ein „Punkt-Punkt-Komma-Strich-Gesicht" „aufmalen".
5. Eine Zwergenmütze formen, mit dem kleinen Finger etwas aushöhlen, damit sie auf den Zwergenkopf passt.
Den Zipfel der Mütze einrollen. So entsteht die Aufhängung, um das Schatz-Zwerglein an einem Lederbändel tragen zu können.
6. Die Mütze auf den Zwergenkopf setzen.
Bei 130°C 30 Minuten im Backofen härten lassen.
Fertig ist der Schatzzwerg.

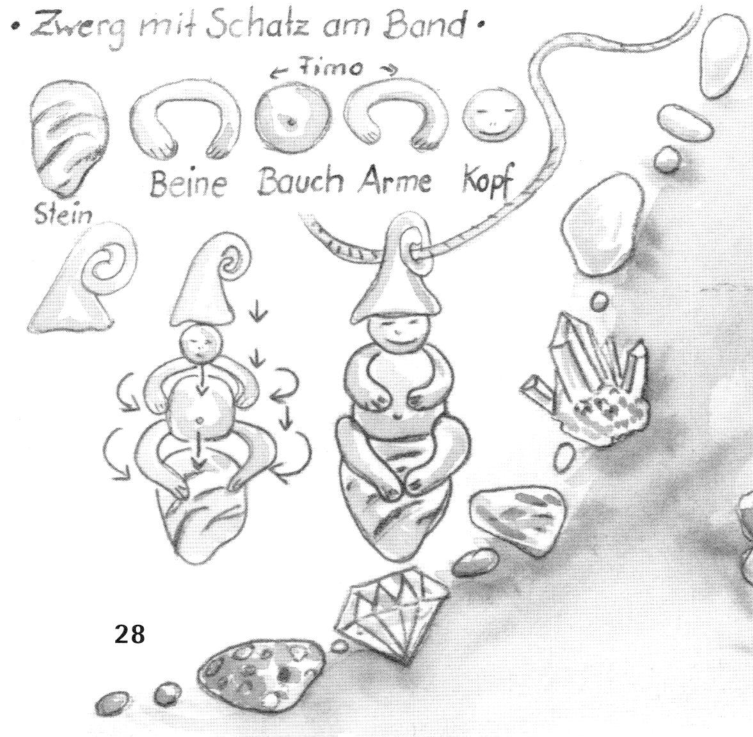

Filzsäckchen für Steine

In so einem Filzsäckchen ist der persönliche Lieblingsstein gut geschützt.

Alter: ab 6 Jahren
Material: Filz, Schere, Wollfaden (30 cm) und Wollnadel, Untertasse, Bleistift

Die Untertasse auf den Filz legen, mit dem Bleistift umranden und ausschneiden. Den Wollfaden in die Nadel einfädeln und im Abstand von 1 cm vom äußeren Rand im Auf und Ab einmal ringsherum nähen. Beide Enden gleich lang zusammenziehen.

Alberichs glitzernde Schatzkammer

Alter: ab 4 Jahren
Material: verschiedene Halbedelsteine, 1 größerer Achat mit Hohlraum, 1 schöne Unterlage (Tuch, Rinde, Moos o. Ä.)

Die Edelsteine im Kreis auf die Unterlage legen. Den größeren Achat als „Zwergenhöhle" dazustellen. Ein Zwerg (s. S. 24) hütet den Schatz in der glitzernden Kammer.

Steinorakel

Alter: ab 6 Jahren
Material: verschiedene Mineralien, so genannte Trommelsteine (erhältlich in Esoterikläden, Mineralienbörsen etc.), schönes Tuch

Die Steine liegen in der Mitte des ausgebreiteten Tuches.
Jedes Kind darf sich einen Stein auswählen.
Der Stein kann auf verschiedene Art und Weise ausgesucht werden: über sein Aussehen, seine Farbe, seine Form. Er kann aber auch blind ertastet werden.
Hat jedes Kind „seinen" Stein gefunden, hält es ihn fest in der Hand, während die Spielleitung die Wirkung des jeweiligen Steines erklärt (s. S. 27).

König Laurins Zwergenpalast

Alter: ab 4 Jahren
Material: Schuhschachtel, Alufolie, alles was glitzert (Perlen, Ringe etc.) kleine Puppenmöbel, Schere, Butterbrotpapier, Klopapierrolle, Bleistift, Klebstoff

Den Deckel von der Schuhschachtel nehmen. Die Mitte ausschneiden und mit Butterbrotpapier bekleben.
An eine kurze Seite der Schuhschachtel die Klopapierrolle halten und mit dem Bleistift umranden. Mit der Schere den entstandenen Kreis ausschneiden, die Klopapierrolle als „Fernrohr" hineinstecken. Die Schuhschachtel mit den Möbeln und allen „Schätzen" nach Belieben als Palast einrichten. Mit Zwergen (siehe S. 24) „beleben".
Den Deckel schließen.
Die Kinder beobachten durch das Guckrohr den Zwergenkönig und sein Volk im geheimnisvollen Zwergenreich.

Die Zwergenausstellung

Die Kinder laden mit dieser Ausstellung auch die Großen in den Zwergenwald ein.
Aber die Zwerge gewähren den Menschen selbst in dieser Ausstellung keinen direkten Zutritt in ihr Zwergenreich. Sie erlauben ihnen lediglich, wenn sie sich durch die kleinen, hell erleuchteten Fenster anlocken lassen, einen kleinen Einblick in ihre zauberhafte Zwergenwelt ...

Alter: ab 4 Jahren
Material: unterschiedlichste Naturmaterialien (Rinde, Stöckchen, Steine, Moos, Zweige von Laubbäumen, Tannenreiser, Tannenzapfen, Hagebutten, Kastanien, Bucheckern ...), verrotteter Weidenkorb o. Ä., Lichterketten, Kohlestückchen, Ackerfolie, Pflanznetze, Dachlattengerüst, Kartons, Fahrradkartons, Werkzeug (Tacker, Küchenmesser), Leuchtsternchen, evtl. Entspannungsmusik und Schwarzlichtlampe

Die Zwergenlandschaft

- Das im Ausstellungsraum vorhandene Mobiliar (Tische, Stühle, Schränke ...) dient der Zwergenlandschaft als Unterbau und wird in die der Tür gegenüber liegende Zimmerhälfte geschoben. Durch Zusammenstellen unterschiedlich hoher Möbel und Platzierung verschieden hoher Kartons entstehen Berge und Täler für die Ausstellung. **Wichtig:** Alle LandschaftsgestalterInnen merken sich gut, wo stabile Tische stehen, damit sie später zur Dekoration unbeschadet über die künstliche Landschaft klettern können!
- Die so geformten künstlichen Berge und Täler mit einer großen Ackerfolie beziehen, um Verunreinigungen zu vermeiden und den Unterbau unsichtbar werden zu lassen.
- Die hinteren „Bergregionen" mit einem Besenstiel zurecht stupfen.
- Über die gesamte Landschaft so genannte Pflanznetze ziehen und von hinten nach vorne mit Naturmaterialien auslegen.

Beispiel für eine gestaltete Landschaft:

Die hintere Region mit Tannenreiser als „Hochwald" gestalten.

Links mit Laubbaumästen einen Mischwald entstehen lassen.

Einen verrotteten alten Weidenkorb seitlich aufschneiden, auseinanderbiegen und so aufstellen, dass eine Höhle entsteht. In diese Höhle Kohlestückchen hineinlegen, die an ein Bergwerk erinnern. Wenn vorhanden, Edelsteine hineinlegen. **Tipp:** Liegen die Edelsteine vor dem Lämpchen einer Lichterkette, beginnt der Stein transparent zu leuchten.

Den vorderen Bereich mit Moos, Kastanien, Eicheln und allem gefundenen Kleinmaterial gestalten.

Die so entstandene Landschaft mit allen gebastelten Zwergen und Wichteln „beleben". Durch die Art, wie sie arrangiert werden, sieht der Betrachter später Beziehungen untereinander, erkennt, was sie gerade machen etc.

Beleuchtung der Landschaft

Ist die Landschaft gestaltet, wird sie mit Licht in Szene gesetzt.

Die Beleuchtung richtet sich dabei ganz nach den vorhandenen Gegebenheiten und Beleuchtungsmitteln. Besonders eignen sich Lichterketten, da sie sich leicht und unauffällig in die Landschaft integrieren lassen. **Wichtig:** Die Beleuchtung sollte für den Betrachter eher indirekt sein, sonst ist viel vom Zauber genommen. Kein offenes Licht verwenden! Alle Kabel in einer Kabeltrommel zusammenlaufen lassen.

Der Sichtschutz

Ist alles richtig gestaltet, verschwindet das ganze Zwergenreich hinter einer schwarzen Wand:

Entsprechend den vorhandenen Räumlichkeiten einen Rahmen aus Dachlatten bauen und daran die großen Fahrradkartons tackern.

Mit dem Küchenmesser nun verteilt mehrere Fensterchen (in verschiedenen Höhen) einschneiden. Sie bieten später den BetrachterInnen ganz unterschiedliche Perspektiven auf das Zwergenreich.

Die Wand mit schwarzer Farbe bemalen, nach dem Trocknen mit Leuchtsternchen bekleben.

Die Ausstellung

Hinter der Wand ist die Ausstellung mit künstlichem Licht erhellt, das durch die vielen Fensterchen scheint und den Betrachter neugierig macht, hier hineinzuschauen.

Ansonsten ist es im Raum für den Betrachter ganz dunkel. (Falls eine Schwarzlichtlampe vorhanden ist, kann diese die Leuchtkraft der phophoreszierenden Sternchen erhöhen. Ist der Raum ganz dunkel, reicht die Leuchtkraft der Sternchen auch so aus.)

Ein paar Spritzer ätherischen Öles „Weißtanne" auf den Karton gegeben, erhöht die sinnliche Vorstellung vom Zwergenwald.

Wenn die Ausstellung zusätzlich von Entspannungsmusik untermalt wird, steht dem Zauber nichts mehr im Wege ...

Zwergenfest im Herbst

Natürlich können wir grundsätzlich in jeder Jahreszeit ein Zwergenfest veranstalten, bei genauerer Betrachtung aller Verwandten des stillen Volkes passt der Herbst aber am besten zu den Zwergen. Bei einem Waldspaziergang lassen sich ganz viele Baumfrüchte sammeln. Bemooste Rindenstückchen finden sich leicht. Wollen wir mit den Zwergen Laternelaufen, bietet sich ebenfalls die Herbstzeit an. Außerdem zieht sich in dieser Zeit die Natur ins Erdinnere zurück – und da wohnen ja bekanntlich die Zwerge.

Beim Zwergenfest verwandeln sich die Kinder mit entsprechender Verkleidung selbst in Zwerge. Sie feiern ausgelassen bei Spiel und Tanz und lassen sich mit Speisen und Getränken aus der Zwergenküche verwöhnen ...
Das Fest dient dem feierlichen Abschluss der vorausgegangenen Unternehmungen, und gibt den Kindern Gelegenheit, die Erlebnisse ihrer Reise ins Reich der Zwerge und die Sammlung ihrer Mitbringsel nach ihren Vorstellungen auch ihren Gästen (Eltern, Geschwistern, Freunden ...) zu zeigen.

Zwergenhöhle im Zimmer

Material: Tücher und Decken, Kindermöbel oder größere Puppenmöbel, wenn vorhanden Sitzkissen, eventuell Karton für kleinen Tisch, Naturmaterialien, Laternen

Mit den vorhandenen Materialien den Raum zur Zwergenhöhle gestalten.
Die Höhle mit Tüchern und Decken abhängen.
Mit Zweigen am „Höhleneingang" ein bisschen Waldatmosphäre schaffen.

Aus der Zwergenküche

Zwerge lieben wie alle Naturgeister süße Speisen, vorzugsweise mit weißem Mehl. Weißes Mehl ist eine Seltenheit in der Anderswelt und nur zu haben, wenn eine Freundschaft mit Menschen eingegangen wurde.
Außerdem verzehren sie natürlich, was die Natur so bietet. Lecker ist für sie auch frische Kuhmilch, direkt von der Kuh auf der Weide – ist aber auch eine Seltenheit.
Alle Speisen und Getränke werden der Zwergengesellschaft natürlich in für Zwerge geeigneten Portionen mit passendem (Puppen-)Geschirr serviert.

Zwergenkuchen

Material: Puppenkuchenform(en)

Zutaten: 250 g Butter, 300 g Zucker, 1 Vanillezucker, 3 Eier, 500 g Mehl, 1 Backpulver, halbe Tasse Milch

Die Zutaten wie gewohnt zu einem Rührteig verrühren. Die Kuchenform(en) einfetten, zu zwei Dritteln mit Teig füllen und im Ofen backen. Achtung, geringere Backzeit! Mehrere Kuchen hintereinander backen oder wenn vorhanden mehrere kleine Formen gleichzeitig verwenden.
Zu den Kuchen Waldbeerengrütze reichen.

Waldbeerengrütze

Zutaten: tiefgekühlte Waldbeerenfrüchte (pro Zwerg 100 g), etwas Zucker, etwas Speisestärke

Die gefrorenen Früchte in den Topf geben, mit etwas Zucker bestreuen und bei mäßiger Hitze auftauen. Beginnt die Masse zu kochen, etwas in kaltem Wasser aufgelöste Speisestärke zu den Früchten geben und einmal aufkochen lassen. Die Grütze in kleine Schüsselchen füllen und erkalten lassen.

Pilzomelette

Zutaten: Eier, frische Pilze (Champignons, Waldegerlinge), Petersilie, Zwiebeln, Butter, Salz und Pfeffer

Pilze putzen und klein schneiden. Eier verquirlen. Zwiebeln klein schneiden. Petersilie hacken.
Etwas Butter in der Pfanne auslassen, Zwiebelchen, Pilze und Petersilie dazugeben, kurz andünsten, das verquirlte Ei unterrühren und stocken lassen.
Salzen und pfeffern. Heiß servieren.
Dazu Wildsalat reichen.

Wildsalat

Zutaten: Kopfsalat, Zwiebeln, 1 TL Zucker, 1TL Salz, junger Löwenzahn, Kresse, Schnittlauch, blaue Borretschblüten, Blütenblätter von Ringelblumen, Kapuzinerkresseblüten
(Wildkräuter nur von ungespritzten Wiesen verwenden!)

Den Kopfsalat putzen. Die Zwiebeln klein schneiden, in die Salatschüssel geben, Salz und Zucker darüber geben und ziehen lassen.
Haben die Zwiebeln Saft gezogen, mit einer Gabel ausdrücken, etwas Essig, Öl und die grünen Kräuter dazugeben und verrühren. Den grünen Salat kurz untermengen. Die Wildblumen über den Salat streuen und servieren.

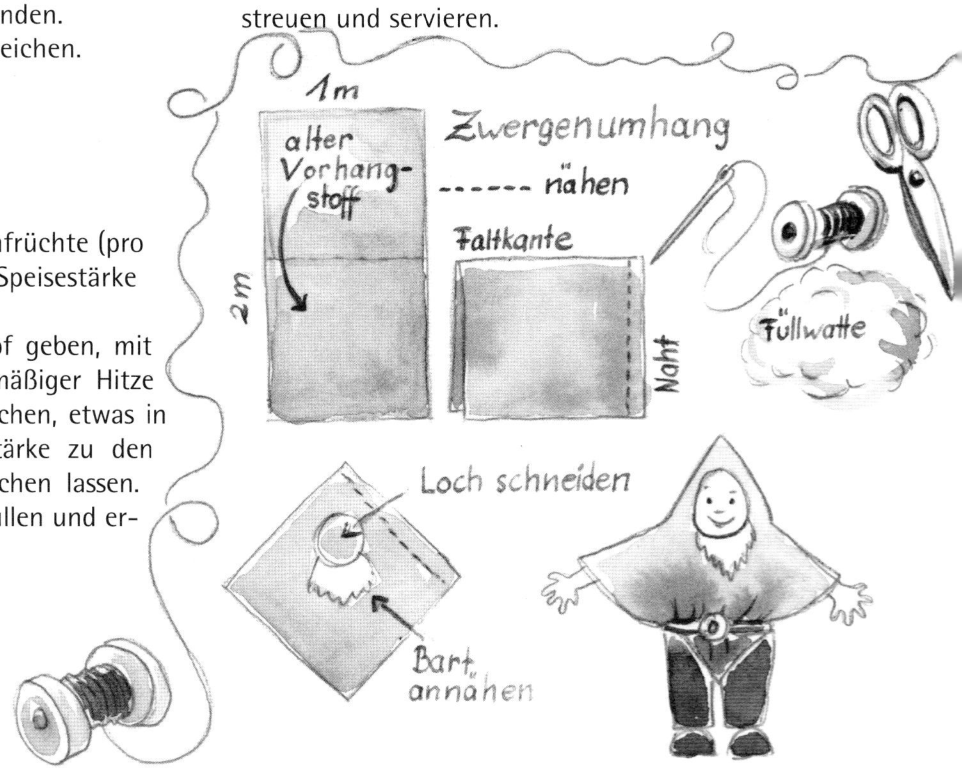

Zwergenausstattung

Zwergenkleidung

Als Zwergenkleidung eignen sich Kittelchen, Schürzen, Gürtel oder Seile, Stiefel und Zipfelmützen. Wer so etwas nicht hat, kann einen Zwergenumhang leicht selbst nähen.

Material: alter Vorhangstoff (pro Zwerg 1 x 2 m), Füllwatte, Seil, Nähmaschine, Faden
Hinweis: bei der Herstellung einer größeren Anzahl von Umhängen lohnt sich die Anschaffung eines grünen Gerüstschutznetzes (Raiffeisenmarkt: 60 qm ca. 50.– €)

Den Stoff einmal zu einem Quadrat aufeinander falten. Eine Seite ausgehend von der Faltkante zunähen. Den Umhang über den Kopf ziehen. Die Stelle des Gesichtes mit Kreide auf dem Stoff markieren und ausschneiden. An den unteren Rand des Kreises die Füllwatte als Zwergenbart annähen.
Mit einem Seil als Gürtel ist die Zwergenkleidung fertig.

Tarnkappe

Die einfachste und wirkungsvollste Verkleidung für draußen ist eine Zwergenmütze mit Anorak und Gummistiefeln. Getragen wird der Zwergenhut von Kindern. Genäht wird er von Erwachsenen.

Material: fester Stoff (Filz, Vlies oder Nickistoff) pro Kind ein Quadrat mit 35 cm Kantenlänge, evtl. Füllwatte, Hutband, Bindfaden, Filzstift

Auf den Stoff ein Quadrat mit ca. 35 cm Kantenlänge zeichnen.
Einen Bindfaden von ca. 40 cm an den Filzstift binden. Damit ein Viertelkreis entsteht, den Filzstift mit der einen Hand auf eine Ecke des Quadrates setzen. Den Bindfaden mit der anderen Hand an der Kante entlang zur nächsten Ecke des Quadrates spannen und fest auf den Stoff drücken. Mit dem so fixierten Filzstift einen Viertelkreis zeichnen, d. h. mit dem Filzstift zur gegenüberliegendende Ecke ziehen. Die zwei Kanten von 35 cm und den aufgezeichneten Viertelkreis ausschneiden.
Den Stoff mittig zu einer Hutspitze klappen und an der Längsseite zusammennähen (per Hand oder mit der Nähmaschine).
Am unteren Rand das Hutband annähen.
Den Hut eventuell mit Füllwatte etwas in Form stopfen.

Zwergenlaterne

Alter: ab 4 Jahren (mit Hilfe von Erwachsenen)
Material: schwarzer, Fotokarton (63 x 39 cm), gelbes Transparentpapier (24 x 60 cm), Schere, Klebstoff, Laternenkerzen und Halter, Blumendraht, Laternenstecken

Nach unten stehender Skizze die Umrisse der Laterne auf den Fotokarton übertragen und ausschneiden. Die Fenster mit Transparentpapier hinterkleben. Die Kanten an den gestrichelten Linien knicken und die Laterne zusammenkleben.
Die Klammern des Kerzenhalters in der Mitte der Laterne durch den Laternenboden stechen und auffalten. Die Kerze einsetzen.
Mit Blumendraht einen Henkel am oberen Rand befestigen.
Fertig ist die Laterne!

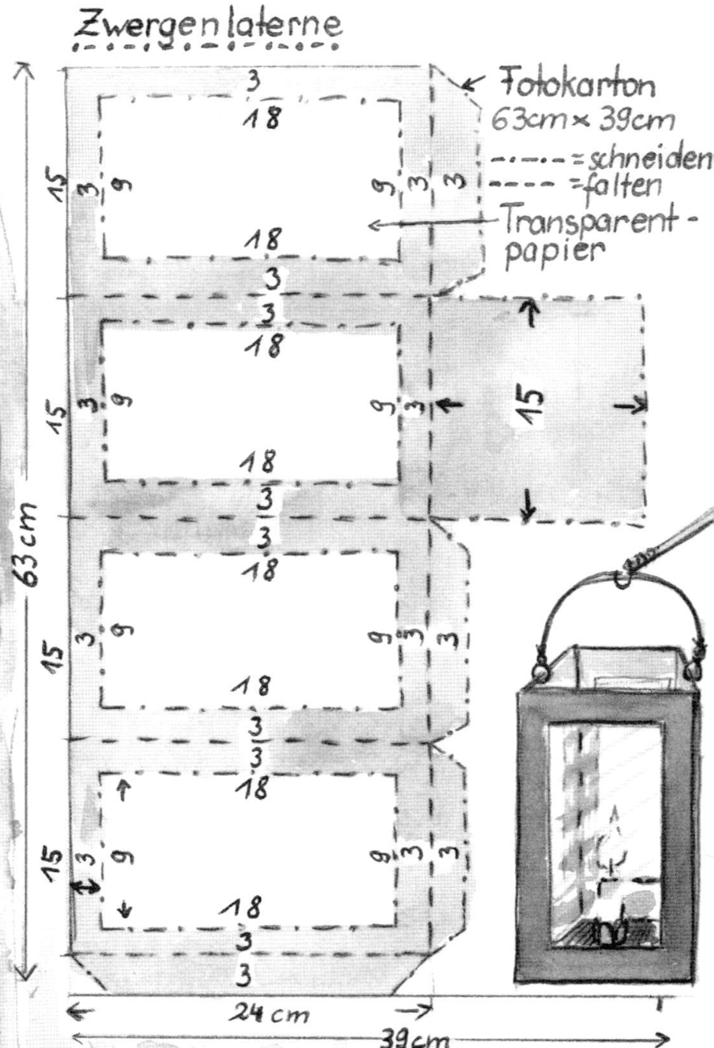

Laternelaufen

Die Kinder singen das Mondlaternenlied und laufen als Zwerge in der Dämmerung mit ihren Laternen durch den Wald oder tanzen tags im Kreis herum mit entsprechender Bewegung.

Mondlaternentanz

Nr. 9
Text: S. Steffe
Musik: M. Schulz

Strophen: *Die Kinder schreiten mit ihren Laternen in einer Schlange hintereinander her.*

Refrain: *Die Kinder bilden mit ihren Laternen einen Kreis.*

Schluss: *Die Kinder hüpfen mit ihren Laternen im Kreis herum.*

Zwergennamen raten

Alle Zwerge geben ungern ihren Namen preis, weil Menschen dann leicht die Herrschaft über sie gewinnen können.

Alter: ab 4 Jahren
Material: Zettel, Stift, irgendein Schatz (Krone, Ringlein)
Musik: Zwergennamen-Ratelied Nr. 5

Die Kinder denken sich heimlich Namen aus. Nur die Spielleitung darf sie bei der Namensuche beraten (Beispiele siehe Lied S. 39), ansonsten bleibt der Name noch geheim.
Haben alle einen Zwergennamen für sich gefunden, flüstern sie ihn der Spielleitung ins Ohr. Diese notiert sie sich auf einen Zettel.

Die Kinder bilden einen Kreis, das erste Kind darf in die Mitte. Zusammen wird das Lied gesungen.
Das Kind in der Mitte stellt sich in entsprechender Pose (vgl. Liedinhalt) hin und hütet den „Schatz".
Beim Refrain tanzt es wild von einem Bein auf das andere.
Ist das Lied zuende gesungen, raten die anderen seinen Zwergennamen. Kommt die Gruppe nicht drauf, hilft die Spielleitung.
Wer richtig rät, wählt den nächsten Zwerg zum „Schatz hüten" aus.

Zwergennamen-Ratelied

Nr. 5
Text: S. Steffe
Musik: D. Ferber

2. Ich habe ein Geheimnis
Doch das verrat ich nie
Ihr müsst schon selber sagen:
Der Zwerg heißt – uups – na wie?

Refrain: Oh wie gut ...

3. Ich hüte einen Goldschatz
Und den versteck ich hier.
Wer meinen Namen richtig rät
Bekommt den Schatz von mir.

Refrain: Oh wie gut ...

Die Prüfungen des Zwergenkönig Laurin

Zwergenkönig Laurin hat sich im letzten Jahrhundert mehr und mehr zurückgezogen. Zeigte er sich im 19. Jahrhundert ab und an noch manchmal einem Dichter oder einem Kind, vertrieben ihn die ersten Autos tiefer und tiefer in den undurchdringlichen Wald. Mit dem König verzog sich auch das ganze Zwergenvolk. Sie schworen ihrem König hoch und heilig, dass nur solche Menschen sie künftig schauen konnten, die sich durch besonders angenehme Eigenschaften für würdig erwiesen. So entwickelten die Zwerge einen Prüfkatalog für Menschenkinder, die diese Kriterien erfüllen:

1. Zu allererst ist ihnen wichtig, dass diese Menschen leise gehen können ohne dabei zu sprechen, denn nichts hassen Zwerge mehr als lärmende Unwesen. Ihr Gehör ist viel feiner ausgeprägt als unser menschliches. (Gehen ohne Geräusch)
2. Zum Zweiten sollen diese Menschen ihr inneres Gleichgewicht gefunden haben. Die Welt ist durch die permanente Technisierung so aus der Balance gekommen, dass sie eben nur jene Menschen befördern wollen, die das Gleichgewicht der Welt wieder herstellen können. (Auf einem Baumstamm balancieren)
3. Selbstverständlich müssen die Menschenkinder Mut beweisen, denn die Zwerge haben überhaupt keine Lust, sich mit Weicheiern abzugeben. (Zum Beispiel ein Bächlein überspringen)
4. Die Menschenkinder müssen aufmerksam sein und Dinge im Wald erkennen. (Beispielsweise einen bestimmten Baum finden)
5. Die Menschen sollen ein Auge für die Schönheit der Natur besitzen. Nur wer die Schönheit der Welt sieht, hat auch den Willen, diese zu bewahren. (Beispielsweise ein Muster aus Tannenzapfen oder Steinen auf den Waldboden legen.)
6. Wichtig ist den Zwergen außerdem die Gabe, von jetzt auf nachher völlig regungslos – wie versteinert – verharren zu können, denn wenn ihnen Menschen folgen, die nicht auserwählt sind, dann ist das für sie das beste Mittel sich unsichtbar zu machen. (vgl. „Versteinert“ S. 19)
7. Als letzte Station müssen die Menschenkinder ein Rätsel lösen, denn ein bisschen Grips gehört schließlich auch dazu, um sich würdig zu erweisen. (Beispiel: Wie öffnet sich der Eingang zum Zwergenreich? – Dreimal mit einem Stöckchen an den Felsen schlagen ...)

Schatzsuche zum Zwergenkönig Laurin

Wer die Prüfungen der Zwerge bestanden hat, dem zeigen sich die Zwerge gegenüber sehr erkenntlich. Ein „versteinerter Zwerg" markiert einen Ort im Wald, an dem sich ein Schatz für die Menschenkinder befindet. An dieser Stelle muss dann nur noch nach dem Schatz gegraben werden.

Alter: ab 6 Jahren (für jüngere KInder die Sprache der Geschichte vereinfachen)
Material: 1 Zwerg (s. Zwerge S. 24) zum Verstecken, Schatztruhe, Schatz (Mineralien, Ringe, Goldtaler aus Schokolade ...), 2 Schatzkarten, Schaufeln zum Graben

Spielvorbereitung: Vor dem Spiel erkundet die Spielleitung das Gelände nach markanten Stellen in der Landschaft und trägt diese in die zwei selbst gemalten Schatzkarten ein. An jedem dieser markanten Punkte ist später eine Aufgabe (s. „Prüfungen des Zwergenkönigs Laurin") zu erfüllen. Gibt es keine so markanten Stellen, mit Kreide einen Ort als Spielstation markieren.
Vor der Schatzsuche versteckt die Spielleitung den versteinerten Zwerg und den Schatz.
Wichtig: Auf der Karte darf nicht ersichtlich sein, wo der Schatz vergraben liegt, sonst nimmt die Schatzsuche blitzschnell ein Ende!

Spielverlauf: Die Gruppe studiert die Landkarte und geht zum nächstgelegenen Landschaftspunkt. Die Spielleitung stellt die jeweilige Aufgabe. Ist die Aufgabe erfüllt, geht es zum nächsten Landschaftspunkt. Sind alle Spielstationen geschafft, müssen die SchatzsucherInnen nur noch den vorher von der Spielleitung versteckten Zwergen finden. Dieser wiederum hat einen genauen Lageplan, wo der Schatz vergraben liegt. Der Rest ist klar: Schatz ausgraben und gerecht teilen!

Zuhause – bei Wichteln und Heinzelmännchen

Da kamen bei Nacht
eh man's gedacht
die Männlein und schwärmten
und klappten und lärmten
und rupften und zupften
und hüpften und trabten
und putzten und schabten
und eh ein Faulpelz noch erwacht
war all sein Tagewerk bereits gemacht.
(aus: „Die Heinzelmännchen zu Köln" von August Kopisch)

Das Reich der Wichtel, Heinzelmännchen, Kobolde ...

Bekannt sind die kleinen Wesen als Heinzelmännchen, Wichtel und Kobolde, wobei „kobe" Kammer bedeutet und „holt" walten. Die Zusammensetzung bedeutet also Hausverwalter oder Beschützer des Hauses.
Das Heinzelmännchen „übernimmt" in der Regel ein Haus, um das es sich kümmert. Es besitzt einen hoch entwickelten Verantwortungssinn und kommt des Nachts hervor, um alles in Ordnung zu bringen, was tags von Menschen angefangen, aber nicht mehr erledigt werden konnte. Für all seine Mühen erwartet das Heinzelmännchen keinen großen Dank. Ein Schüsselchen Sahne oder Milch, etwas Haferbrei mit Butter und Sahne und ein Stückchen Honigkuchen oder ein mit Honig bestrichener Keks genügen. Alles was darüber hinaus geht, verärgert es eher, und oft hat es ein Haus sogar verlassen, weil ihm die Menschen in falsch verstandener Fürsorge neue Kleider hinlegten.

Häuser, in denen keines dieser freundlichen Geistchen wohnt, gelten als wenig Glück und Freude bringend. Wechselt das Haus den Besitzer, so bleiben die Hauswichtel nur dann bei ihm, wenn er sich anständig verhält und vor allem Humor mitbringt. Um das herauszufinden, testen die Heinzelmännchen hinzugezogene Bewohner erst einmal: Sie verstecken den Schlüssel, verlegen ein wichtiges Dokument oder klauen auch schon mal das letzte Stückchen Brot, das nicht bei Tisch gegessen und nur schnell mal abgelegt wurde. Hat der Mensch die Scherzprüfung bestanden und ist nicht total im Zorn ausgeflippt, dann sind sie ihrem neuen Mieter treu ergeben.

Wichtel können Putzteufel nicht leiden. Wer sein Haus zu gründlich putzt, kann dadurch seinen Heinzelmann vertreiben. Andererseits mögen die Heinzelmännchen auch keine Faulenzer – diese werden gezwickt. Am liebsten mögen sie es, wenn in dem Haus Menschen wohnen, die immer tätig sind, die sich aber auch Zeit nehmen für die eigentlich wichtigen Dinge im Leben: den Kindern (und Wichteln) viel vorlesen, mit den Kindern spielen, für ihre Haustiere ein gutes Wort haben, die Pflanzen immer gießen und Gäste freundlich bewirten.

Wichtel sind natürlich nicht so einfach zu sehen; dies bleibt ganz alleine den Haustieren vorbehalten. Wenn zum Beispiel ein Wellensittich wie irre in seinem Käfig herumflattert oder die Katze wie angestochen durchs Haus jagt oder der Hund schwanzwedelnd vor dem Sofa steht und seine Schnauze darunter hält, obwohl nichts da sein kann – dann ist bestimmt ein Heinzelmännchen unterwegs. Die Heinzelmännchen haben zu Tieren ein ganz besonders nahes Verhältnis. Sie kümmern sich liebevoll um sie.

Wichtel tragen meist rote Mäntel, rote Kniehosen und rote Mützen. Sie erreichen höchstens die Länge eines Stuhlbeines. Die skandinavischen Nisse sind eher weiß bis nebelgrau. Auf ihren schmächtigen Körpern sitzt ein großer, runder Kopf mit weißem Greisengesicht und sehr hellen Augen. Ihr Lachen soll wie Pferdegewieher klingen. Nisse kleiden sich grau und tragen grobe Arbeitsstiefel. In Norwegen heißen die Wichtel Tomte oder Nisse. Sie kleiden sich in braune oder graue Kittel und tragen graue oder rote Mützen und schwere Holzschuhe (Klogs). Um die kleinen Kerlchen bei Laune zu halten, stellen die Menschen ihnen donnerstags und am Weihnachtsabend süßen Haferbrei, Kekse und Bier hin. Die holländischen Kabouter kümmern sich außer um die Häuser auch noch um die Schiffsladungen. Sie halten sich im Laderaum eines Schiffes auf, um dort die Waren besser nachzustauen. Auch außen am Schiffsrumpf und zwischen den Segeln schauen sie nach dem Rechten.

Die schottischen Hausgeister heißen Brownies. Sie haben ihren Namen von ihrer braunen Kluft, die sie gewöhnlich tragen. Die schottischen Legenden beschreiben Brownies als gutmütige, hilfsbereite Wesen, welche die Frau des Hauses dadurch erfreuen, dass sie ihr die Hausarbeit verrichten. Als Dank bekommen sie ein Schüsselchen Milch. Bei aller Gutmütigkeit sind Brownies aber sehr empfindlich. Jede Art von Neckerei beleidigt sie zutiefst und sie rächen sich bitterböse an der Person, die sie gekränkt hat. Brownies werden meist ohne Nase und mit zusammengewachsenen Fingern dargestellt. Sie

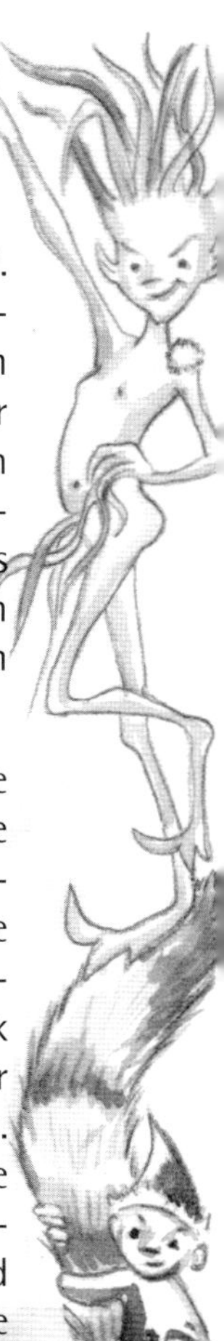

sind Meister im Versteckspiel und können sich leicht unsichtbar machen. Sie sind etwas ungeschickt, aber fleißig. Brownies lassen, wie ihre deutschen Kollegen, gerne Arbeitsgeräte und andere wichtige Utensilien verschwinden. Auch sie verlassen für immer das Haus, wenn man ihnen zum Dank für ihre Dienste menschliche Kleidung schenkt.

Irische Hausgeister heißen Leprechauns oder zu deutsch Ampferwichtel. In der Natur sind sie unter dem Sauerampfer zu finden. Sie können einen zuweilen zu einem Goldschatz führen, sie sind aber sehr gewitzt und treiben dabei manchen Schabernack. Auf dem Kopf tragen sie für ihr Leben gerne einen Dreispitz und wenn sie besonders gut gelaunt sind, dann drehen sie sich auf diesem Hut wie auf einem Kreisel. Sie haben eine gewisse Vorliebe für Schnallenschuhe und ausgeleierte Admiralsjacken. Außerdem arbeiten sie angeblich stets nur an einem Schuh, aber nie an einem Paar.

Die Pixies machen sich in englischen Häusern nützlich. Hier stellen die Hausbewohner hilfreichen Pixies nachts auch eine Schale Wasser mit einer Münze hin. Und noch eine Besonderheit gibt es in England: Viele Häuser haben in ihrer Außenwand extra ein Loch, damit die Pixies bequem ein und aus gehen können.

Fantastische Reise zu den Hauswichteln

Durchführung: siehe Allgemeine Hinweise zu Fantasiereisen (S. 16)

"Stellt euch vor, ihr liegt abends in eurem Bett. Ihr seid müde, kuschelt euch in eure Kissen und träumt kurz vor dem Einschlafen noch so vor euch hin. • Da ist euch, als hätte sich im Zimmer auf einmal auf dem Boden etwas bewegt. Ihr reibt euch die Augen, um genauer sehen zu können, und da seht ihr noch, wie gerade ein rotes Schuhchen unter eurem Schrank verschwindet. Kann das sein? Habt ihr geträumt? • Stellt Euch vor, bei euch zu Hause gäbe es tatsächlich einen kleinen Wichtel oder sogar eine ganze Wichtelfamilie. Wie könnten sie aussehen, die kleinen Kerle? • Wo könnten sie bei euch zuhause wohnen? • Wie würde ihre Wichtelwohnung aussehen? • Wie könnten sie heißen? • Wenn ihr euch das alles genau überlegt habt, dann kehrt in die Wirklichkeit hierher zurück, reckt und streckt euch und erzählt von euren Wichteln."

Wichtelplätze im Haus

Wichtel und Heinzelmännchen leben in dunklen Winkeln der Häuser. Sie wohnen gerne unter der Schwelle der Haustür, auf dem Schrank, in Ritzen von Bodendielen, hinterm Ofen und überall da, wo Menschen nicht so leicht hinkommen. Am liebsten halten sie sich im Kinderzimmer auf, weil hier so viele andere Gesellen zuhause sind.
Bei Bauern wohnen Wichtel gerne im Stall, passen auf die Tiere auf und kümmern sich um sie, falls ihnen etwas fehlt.
Wird ein Haus neu gebaut, gilt es als wahrer Segen, wenn eine Katze durch den frischen Estrich gelaufen ist. Das heißt: Jetzt hat der Hauswichtel Einzug gehalten. Es gibt sogar den Brauch, in einen Neubau einen alten Balken einzuzimmern, um einen Hauswichtel einzuladen das neue Haus zu beschützen.

Einem Wichtel einen bestimmten Platz einrichten zu wollen, ist nicht so geschickt, da kein Mensch weiß, was er tatsächlich braucht und Wichtel sind bekanntlich sehr schnell beleidigt und gekränkt. Außerdem schätzen sie es gar nicht, wenn wir ihnen zu viel Fürsorge angedeihen lassen. Es könnte sein, dass sie dann das Haus verlassen. Eine bessere Methode ist es, wenn uns etwas Außergewöhnliches auffällt – wenn zum Beispiel aus unerklärlichen Gründen ein kleiner Puppenstuhl auf dem Kleiderschrank steht oder im Kinderzimmer auf einem Puppentellerchen ein angeknabbertes Butterbrot liegt – dieses zu dulden, in der weisen Einsicht, es könnte ja vom Wichtel sein.

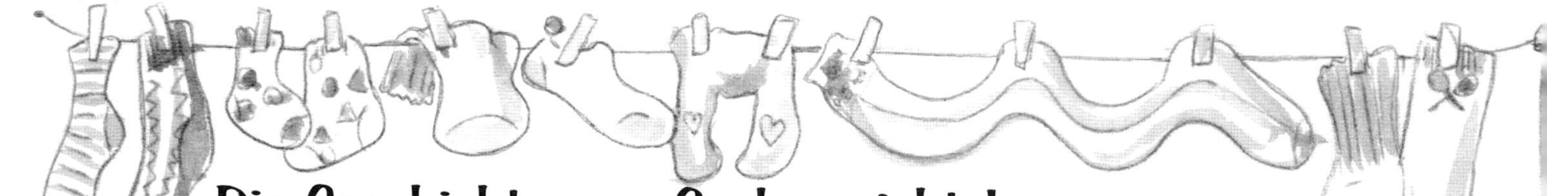

Die Geschichte vom Sockenwichtel

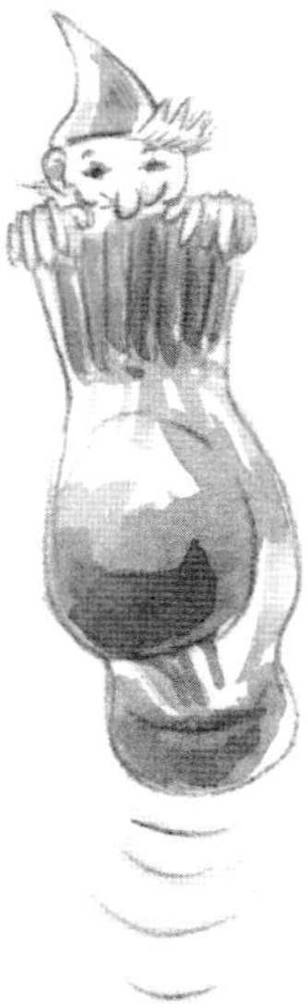

Socken nützen einem nur, wenn man zwei von einer Sorte hat. Nun ist es aber eine Tatsache, dass in jedem Haushalt immer wieder Sockensingles auftauchen. Keiner konnte sich bisher so ganz genau erklären, wie das passieren kann. Es gab zwar schon immer Vermutungen, auf welche Art und Weise der andere Socken verschwunden sein könnte, aber jemanden beim Sockenklau erwischt, hat bisher niemand. Das liegt bestimmt daran, dass dieser Jemand normalerweise unsichtbar ist.
Dieser Jemand ist kein anderer als der Sockenwichtel persönlich! Wer sonst hätte – wie der Name schon sagt – Interesse an einem einzelnen Socken ...
Aber jetzt wurde eine Methode entdeckt, den Sockenwichtel sichtbar werden zu lassen. Es ist ganz einfach: Dazu müsst ihr nur aus dem verbliebenen, einzelnen Socken einen Wichtel formen – und schon steht der Sockenwichtel leibhaftig vor euch.
Und jetzt passiert das Unmögliche: Nach der Methode „Bruder sucht Bruder", taucht in aller Regel der zweite Socken just dann wieder auf, wenn ihr den Sockenwichtel mit viel Mühe, Nadel und Faden gerade habt erscheinen lassen. Tragen könnt ihr das wiedergefundene Sockenpaar zwar trotzdem nicht mehr, dazu habt ihr den Sockenwichtelsocken zu sehr vernäht ...

Ihr fragt, ob es dann nicht besser wäre, den Sockenwichtel gar nicht erst sichtbar werden zu lassen? Was denkt ihr denn! Dann hätte dieser doch im Leben nicht den zweiten Socken wieder herausgerückt!
Wer nun unbedingt ein Happy End will, der mache sich doch einfach die Mühe und verwandele den zweiten Socken in eine Sockenwichtelfrau!
Kinder bekommen die beiden dann fast ganz von alleine ...

Wichteleien und Schabernack

Sockenwichtel

Alter: ab 4 Jahren (mit Hilfe)
Material: Solosocken, dicke Nadel, Wollreste, Rohwolle oder Füllwatte, pro Wichtel 2 flache Flusskiesel

Die Fußspitze wird zur Mütze, der Fußspann der Socke zum Gesicht, die Sockenferse zum Wichtelbuckel und der Sockenschaft wird zum Körper des Sockenwichtels inklusive Arme, Beine und Füße:

1. Den Socken locker mit Füllwatte füllen.
2. Den Fußspann zur Fußferse drücken, so verschwindet die Sockensohle zwischen Ferse und Spann in einem Knick. Es sieht aus, als sei die Ferse der Buckel und der Fußspann das Gesicht des Wichtels.
3. Um die Fußspitze in ca. 5 cm Höhe rundherum ein Rändchen abnähen so entsteht die Zipfelmütze des Sockenwichtels.
4. Um das Gesicht des Wichtels erscheinen zu lassen, mit Wolle unter der Zipfelmütze Haare und rund um das Kinn einen Bart annähen. Dazu immer erst eine große Schlaufe nähen von ca. 2 cm Länge und mit dem zweiten Stich einen Knoten schlingen und fest ziehen. So können später die Schlaufen aufgeschnitten werden und es entstehen Barthaare und Kopfhaare.
5. Mit andersfarbiger Wolle ein Gesicht aufsticken.
6. Seitlich am Sockenkörper Arme abnähen.
7. Rundherum ein Rändchen für den Hosenbund abnähen.
8. Für die Hosenbeine eine Naht über dem Bündchen senkrecht nach oben nähen.
9. Das Bündchen des Sockens für die Füße des Wichtels in der Mitte einschneiden, zwei Flusskiesel hineinlegen und die Wichtelfüße zunähen.
10. Die „Wichtelfüße" mit ein paar Stichen so an die Hosenbeine nähen, dass der Wichtel schön „geerdet" in seiner Balance steht.

Der Sockenwichtel steht gerne überall da rum, wo in aller Regel Socken ausgezogen und nicht aufgeräumt werden: vor dem Bett, an der Garderobe, im Bad ...

Wichtelschabernack

Wichtel sind sehr humorvoll und einfallsreich, wenn es darum geht, „ihre" Menschen ein bisschen zu ärgern. Sie können allerdings sehr nachtragend sein, wenn sie selbst gefoppt werden. Eine besondere Vorliebe haben Wichtel für einige alltägliche Gegenstände im Haus, die sie mit Vorliebe verstecken: Scheren, Kugelschreiber, Tesafilm, Reißnägel – aber am allerallerliebsten Schlüssel. Darum wurde ja schon extra neben der Tür ein Schlüsselbrett angebracht. Legt ein Mensch einen Schlüssel jedoch unbedacht irgendwo hin, statt ihn dort aufzuhängen, dann ist der Bund, wenn er ihn wieder braucht, für mindestens eine halbe Stunde verloren. Nur wenn der Mensch – und noch besser die ganze Familie – wie aufgescheucht die ganze Wohnung hartnäckig nach dem Schlüsselbund absucht, gibt der Wichtel ihn vielleicht wieder her.

Alter: ab 4 Jahren
Material: alles was in einem Zimmer so rumliegt

Zwei Kinder sind Wichtel, die andern verlassen das Zimmer. Die Wichtelkinder verändern 7 markante, auffällige Sachen im Raum (Stühle auf Tisch, Papierkorb auf Schrank, Blumenvase unter Tisch ...) und verstecken sich dann schnell. Sie poltern ein verabredetes Zeichen – die Spielgruppe betritt den Raum und begibt sich auf Fehlersuche. Gelingt es der Spielgruppe alle Fehler zu erkennen und die Wichtel zu finden, deuten die Wichtel zwei neue Wichtel aus der Gruppe. Gelingt es den Kindern nicht, lösen die Wichtel das Geheimnis und dürfen in einem neuen Raum ihr Unwesen treiben.

Koboldereien

Ein beliebtes Spiel der Kobolde ist, die Butter im Kühlschrank so hinzulegen, dass sie einem beim Aufmachen sofort entgegenfällt. Gerne knoten sie auch Kindern nachts so genannte Elfenknoten ins Haar. Das beste Mittel dagegen ist übrigens, den Schlafanzug verkehrt herum anzuziehen!

Alter: ab 4 Jahren
Material: kleine Zettelchen mit den Namen aller Kinder, Gong

Jedes Kind zieht sich einen Namenzettel und denkt sich für dieses Kind eine Koboldereі aus, die nicht gefährlich, aber lustig ist.
Diese Koboldereien können ganz unterschiedlich ausfallen. Zum Beispiel können Kobolde die Schuhbändel von zwei unterschiedlichen Schuhen zusammenbinden oder die Mäntel an der Garderobe so locker hinhängen, dass sie beim nächsten Windhauch einfach vom Haken fallen und der Vorbeilaufende sich bücken muss, um sie wieder aufzuhängen ...

Auf ein vereinbartes Zeichen mit dem Gong versuchen alle ihre Koboldereі durchzuführen, ohne dabei erwischt zu werden!
Nach einer gewissen Zeit (Viertelstunde) lässt die Spielleitung den Gong erneut erklingen. Es beginnt eine neue Runde, in der die Kinder ihre Koboldereien aufdecken. Im Kreis werden die Streiche erzählt. Neue Runde?

Heinzelmännchen auf Zeit

Oft fällt es so schwer, aufzuräumen! Wenn die Gruppe aber beschließt, für eine überschaubare Zeit Heinzelmännchen zu spielen, dann helfen die echten Heinzelmännchen auch kräftig mit!

Alter: ab 4 Jahren
Material: alles, was nicht an seinem Platz liegt
Musik: Heinzelmännchen-Mitmachlied Nr. 7

Es wird vorher vereinbart, was alles getan werden muss und wie viel Zeit dafür zur Verfügung steht. Können die Heinzelmännchen das schaffen?
Die Gruppenleitung hilft natürlich auch mit!

Besonders viel Spaß macht die Aufräumerei, wenn die Heinzelmännchen in dieser Zeit nicht sprechen, d.h. sich nur mit Zeichen verständigen – und dazu noch richtig gute Heinzelmännchenmusik läuft.

Heinzelmännchen-Mitmachlied

Nr. 7

Text. S. Steffe
Musik: D. Ferber

2. Ich häng die Wäsche auf
Die Wäscheleine drauf
Und mach auch Klammern dran
Dass nichts verrutschen kann.

Refrain: Ich bin ein Heinzelmann ...

3. Ja, Ordnung die muss sein
Ich räum das Spielzeug ein
Und für den kleinen Klaus
Bau ich ein Legohaus.

4. Jetzt koch ich eine Supp'
Und esse schlupp, schlupp, schlupp
Stell meinen Teller weg
Sonst werd ich dick und fett.

Refrain: Ich bin ein Heinzelmann ...

5. Ich mach das Fenster auf
Und schüttel Betten aus
Ich atme aus und ein
Ja das riecht wirklich fein.

6. Jetzt mach ich aber Schluss
Weil ich nach Hause muss.
Leg mich ins Bettchen rein
Und schlafe friedlich ein. Chchch ...

Die Kinder können die einzelnen Strophen mit passenden pantomimischen Gesten unterstützen: das eifrige Kehren, Wäscheaufhängen, Legospielen, Suppe auslöffeln, Betten ausschütteln und schließlich Einschlafen ...
Wer will fleißige Heinzelmännchen sehen? Na, der muss zu den Kindern gehen!

Wichteln in der Weihnachtszeit

Wichtel und Heinzelmänner lieben wie alle Wesen aus der Anderswelt ausgelassene Feste und Tanzveranstaltungen. Am liebsten aber mögen sie Weihnachten, weil sich die Menschen dann gerade selbst wie Wichtel verhalten. Sie schaffen wie Wichtel des Nachts heimlich die Weihnachtsarbeiten. Sie sorgen sich besonders um Kinder und Tiere, sie backen allerliebste Weihnachtskekse aus hellem Mehl. Sie schenken den Kindern sogar kleine Wichtelgeschenke. An Weihnachten ist es also so wichtelig im Haus wie sonst nie im Jahr.

Da an Weihnachten auch das größte Fest der Wichtel ansteht, stibitzen sie sich gerne heimlich einen Zweig des großen Tannenbaumes der Menschen. Und zwar nehmen sie dazu Zweiglein ganz unten am Stamm weg, sodass es die Menschen gar nicht merken. Sie schleppen sie in ihr kleines Heim, das sie damit weihnachtlich schmücken.

Zu Weihnachten bekommen die meisten Hauswichtel Besuch von ihren Verwandten aus dem Wald. Diese freuen sich nämlich auf gemütliche Stunden im warmen Heim der Wichtel. Ein besonderer Leckerbissen für Waldwichtel und Zwerge sind Weihnachtsplätzchen. So erklärt es sich, dass Weihnachtsplätzchen schon lange vor dem Weihnachtsfest immer weniger werden, obwohl alle im Haus beteuern nicht genascht zu haben: Das waren die Hauswichtel, die sie in ihre Wichtelwohnung geschleppt haben! Wichtel schätzen aber auch deftige Nahrung. So erklärt es sich, dass man in Finnland und Schweden über Nacht die Reste des Weihnachtsessens auf dem Tisch stehen lässt, damit sich die Tomtes dort in Ruhe bedienen können.

Wichtelkleidung

Wichtel verschwinden in aller Regel, wenn Menschen ihnen Kleidung hinlegen. Zu unserem Wichtelfest wollen wir das Risiko eingehen. Unsere Wichtel „verschwinden" nach Erhalt der Kleidung dann einfach im Kinderzimmer des Gastkindes!

Als Wichtelkleidung dient ein roter Umhang aus altem Vorhangstoff und/oder eine rote Wichtelmütze. (s. Anleitung S. 35)

Wichtelwohnung

Wichtel wohnen gerne an dunklen Plätzen, wo sie nicht so leicht gesehen werden. Am liebsten natürlich in Stallungen auf dem Heuboden, unter der Türschwelle oder hinter dem Ofen.

Material: kleine Stühle, Puppengeschirr, weihnachtliche Dekoration mit Tannenzweigen

Da es aber heute nur wenigen Stadtmenschen vergönnt ist, sich stolze Besitzer eines Stalles nennen zu dürfen, und Kinder hinter dem Ofen oder in der Spalte eines Dielenbodens einfach keinen Platz finden, dient als Wichtelwohnung das Kinderzimmer zuhause oder der Gruppenraum im Kindergarten, der gemütlich mit kleinen Möbeln ausgestattet und mit Tannenzweigen weihnachtlich geschmückt wird.

Tischwichtel

Die Tischwichtel schmücken die Wichteltafel.

Alter: ab 4 Jahren
Material: 1 Apfel, 1 Walnuss, 1 Zahnstocher, Watte, rotes Krepppapier, Wollnadel mit Wollfaden

Den Zahnstocher in die Nuss (evtl. etwas vorbohren) und beides in den Apfel stecken.
Vom Krepppapier einen Streifen von 20 x 10 cm abschneiden. Einen Rand von 3 cm falten und den Wollfaden mit der Wollnadel mit grobem Stich durch den oberen Rand fädeln. Den Wichtelmantel um den Apfel legen und den Wollfaden zuziehen.
Aus einem Dreieck ein Wichtelmützchen kleben und auf die Walnuss kleben.
Ein bisschen Watte zum Bart formen und an die Nuss kleben.
Mit schwarzem Filzstift ein Gesichtchen malen. Fertig ist der Tischwichtel.

Wichtelspeise

Zu jedem Weihnachtstreffen der Wichtel mit ihrer Verwandtschaft aus dem Wald gehört auch ein üppiges Wichtelmahl, mit allem, was Wichtel besonders lieben ...

Süßes Spiegelei mit „Pfeffer und Salz"

Zutaten: Milch, Zucker, Zimt, Grieß, Pfirsichhälften aus der Dose

Den Grießbrei nach Anleitung der Packung herstellen. Jedem Wichtel einen Klecks Brei auf einen Teller geben.
Eine Pfirsichhälfte in die Mitte setzen, mit Zimt und Zucker bestreuen.
Fertig ist das „Spiegelei mit Pfeffer und Salz".

Johannisbeer-Punsch

Zutaten: Johannisbeersaft, evtl. etwas Zucker

Johannisbeersaft in einem Topf erwärmen, eventuell süßen und heiß servieren.

Honigkuchen mit Sahne

... für den kleinen Hunger zwischendurch!

Zutaten: Honigkuchen (gibt es in jedem Lebensmittelladen), Schlagsahne, Vanillezucker

Die Sahne steif schlagen, mit Vanillezucker süßen. Kleine Stücke des Honigkuchens auf kleine Tellerchen verteilen und einen Klecks Sahne darauf geben.
Die Teller immer mal wieder irgendwo hinstellen. Die Wichtel werden sich freuen, wenn sie wieder einen Teller finden.

Pfannkuchentorte „deftig"

Zutaten: Mehl, Eier, Milch, Mineralwasser, Zwiebeln, 500 g Hackfleisch, Gemüsebrühe, 200 g (1 Glas) Tomatenmark, Salz, Pfeffer, Kräuter, Ketchup, Öl zum Braten

Aus Mehl, Milch, Eiern, etwas Mineralwasser und einer Prise Salz den Pfannkuchenteig wie gewohnt herstellen.
Für die Füllung Zwiebelchen klein schneiden, in der Pfanne glasig dünsten, das Hackfleisch dazugeben und heftig anbraten. Das Tomatenmark mit etwas Wasser anrühren, zum Hackfleisch geben. Etwas

Gemüsebrühe dazugeben und alles mit den Kräutern, Salz und Pfeffer würzen. Die Masse darf nicht zu flüssig sein (evtl. einkochen lassen), damit die Füllung später nicht aus der Torte läuft.

Aus dem Teig möglichst viele dünne Pfannkuchen backen und abwechselnd Hackfleischpaste und Pfannkuchen zur Torte schichten. Je mehr Schichten, desto attraktiver wird die Torte! Die Torte im Backofen warm halten.
Auf den letzten Pfannkuchen mit Ketchup ein Wichtelgesicht malen.
Wie eine Torte aufschneiden und heiß servieren.

Wichtelbier

Das besondere am Wichtelbier ist, dass es süßer und schwächer wird, je jünger der Wichtel ist, und dass es stärker und bitterer wird, je älter der Trinker ist. So trinken Wichtel jeden Alters das Wichtelbier gerne.

Zutaten: Malzbier

Zur deftigen Pfannkuchentorte trinken die Wichtel gerne ein gut gekühltes Malzbier.

Die Jagd nach dem süßen Brei

An Weihnachten stellen die Schweden ihren Tomtes süßen Weihnachtsbrei als Speise hin.

Alter: ab 6 Jahren
Material: vorbereitete Spielstationen, kleiner „Schatz" (Muschel, kleiner Stein, o. Ä.), pro Kind: 3 Fußabdrücke aus Papier und 1 Schälchen Grießbrei (in einem Schälchen eine Rosine verstecken)

Gespielt wird in zwei Gruppen, die von unterschiedlichen Ausgangspunkten im Haus starten. Ihre Aufgabe ist es, „unsichtbar" verschiedene Spielstationen zu absolvieren. Die Wichtel dürfen den Fußboden nicht betreten, sonst werden sie sichtbar. Sie müssen also über Tische und Bänke hinwegklettern (vorher bestimmen was erlaubt ist und was nicht!). Für Notfälle bekommt jeder Wichtel zu Spielanfang drei Papierfußabdrücke, mit deren Hilfe er auch über den Fußboden laufen darf. Allerdings ist diese Möglichkeit etwas mühsam, denn die Fußabdrücke dürfen immer nur so weit voneinander gelegt werden, dass die nicht genutzten auch wieder eingesammelt werden können. Ziel der Wichtel ist es, den an der „Endstation" für sie aufgestellten süßen Brei möglichst schnell zu erreichen.
Die Spielaufgaben richten sich grundsätzlich nach den Möglichkeiten im Haus.

Einige Beispiele:
- Der Haushund kann Wichtel nicht leiden, weil sie ihn immer in seinem Schlaf stören: Ganz leise ohne ein Wort zu wechseln zur nächsten Spielstation schleichen, sonst wird der Hund wach.
- Die vierjährige Anna kann Wichtel sehen: Die nächste Strecke pfeifend zurücklegen, dann traut Anna ihren Augen nicht.
- Die Menschen haben vergessen den Vögeln Futter auf das Fensterbrett zu legen: Bitte nachholen.
- Kleinen Streich spielen, die Fernsehzeitung verstecken.
- An einer ganz blöden Stelle ist ein Schlüssel versteckt: Bitte suchen und wieder ans Schlüsselbrett hängen.
- Letzte Station ist immer das Tablett mit dem süßen Brei.

Die Wichtel verschlingen den Brei. Wer die Rosine in seinem Brei findet, darf sich was wünschen oder sie gegen einen „Schatz" (kleiner Stein, Muschel o. Ä.) eintauschen.

Wichteln

In der Weihnachtszeit sind die Wichtel in Festtagsstimmung und das heißt, sie bedanken sich bei allen lieben Menschen für die Aufnahme, für die Nachsicht bei kleinen Streichen. Überhaupt, die Wichtel sind wie ausgewechselt! So, als wollten sie um Weihnachten herum alles, einfach alles wieder gut machen und am besten noch gleich für das kommende Jahr ein paar Pluspunkte sammeln. Wer seinen Wichtel gut behandelt, der kann in der Weihnachtszeit täglich mit einer kleinen Aufmerksamkeit rechnen.

Alter: ab Schulalter
Material: kleine Zettelchen mit Namen

Ein Erwachsener bereitet Zettel vor, auf denen jeweils der Name eines Kindes aus der Gruppe steht. Die Zettel falten, mischen.
Jedes Kind zieht einen Zettel, liest heimlich den Namen seines Wichtelpartners und muss jetzt Sorge tragen, dass dieses Kind jeden Tag eine kleine Aufmerksamkeit in seinen Taschen findet.

Beispiele:
Hat das zu bewichtelnde Kind Schnupfen, so wäre ein Päckchen Taschentücher ein Wichtelgeschenk. Wichtelgeschenke können aber auch eine Walnuss, ein Apfel, eine kleine Süßigkeit, ein Steinchen, ein Sternchen, etwas Selbstgebasteltes sein. Also kleine Aufmerksamkeiten, die kein Geld kosten, sondern sich in jedem Haushalt finden lassen.

Wird bei einem Kind zuhause ein Wichtelfest gefeiert, so bekommt jeder Wichtel von der Gastfamilie ein kleines Wichtelgeschenk.

Geschenke packen

Geschenke packen ist für die Wichtel das größte Vergnügen. Sie sind so gespannt, was wer geschenkt bekommt, ob sich der Beschenkte freut und so weiter. Auch das Packen an sich bereitet ihnen viel Spaß, und obwohl Wichtel in der Weihnachtszeit ja so hoch anständig sind, können sie beim Geschenke packen nicht mehr widerstehen, ein bisschen Unfug zu machen. Heimlich verstecken sie die Schere, heimlich verkleben sie den Tesafilm, damit die Menschen nie und nimmer den Anfang des Tesa-Streifens finden. Beim Packen selber haben sie immer die Finger mit im Spiel: Sie verkruschteln eben noch ordentlich gefaltetes Papier, sodass es wieder auseinander fällt. Sie verwurschteln die Geschenkbänder, dass der Mensch sich schier die Finger verknotet, bis er eine halbwegs gut aussehende Schleife zusammengebracht hat. Aber ihr größtes Vergnügen ist es, die Hauskatze in das ganze Geschenkpapier hineinzujagen, sodass es ordentlich fetzt ...

Alter: ab 4 Jahren
Material: Würfel, Geschenkpapier, Tesafilm, Schere, Geschenkbändel, Schachteln, Wichtelgeschenk

Jeder Wichtel hat ein Schächtelchen vor sich mit einem Wichtelgeschenk, das er sich noch nicht ansehen darf! Dieses Geschenk muss nämlich erst so ein- und ausgepackt werden, wie es die Wichtel lieben:
Jeder Wichtel wählt für sich eine Wichtelzahl von 1-6. Gewürfelt wird reihum.
Würfelt ein Wichtel seine Wichtelzahl, darf er einen Schritt des Einpackvorganges ausführen:
1. Schritt: Papier abschneiden für Geschenk
2. Schritt Geschenk einwickeln
3. Schritt mit Tesafilm zukleben
4. Schritt Bändel darum binden

Das wäre ja alles schnell passiert, nun kommt aber der Wichtelscherz:
Hat ein Kind einen Einpackvorgang abgeschlossen, gibt es das vor sich liegende Päckchen einmal nach links weiter. Da der linke Wichtel bereits ein Wichtelpaket vor sich liegen hat, gibt er sein ursprüngliches auch nach links weiter ...
Nun kann ein Wichtel Glück haben, dass sein Wichtelpaket schon zugeklebt ist, oder Pech – dann muss er ganz von vorne anfangen ...

Gewürfelt und gepackt wird solange, bis das erste Paket fertig gepackt ist. Nun geht die Packerei rückwärts und bei jeder gewürfelten Wichtelzahl packt der Wichtel einen Schritt aus und gibt das Päckchen wieder nach links weiter.
Wer jetzt ein bis auf das Schächtelchen ausgepacktes Päckchen erhält, beendet für sich das Spiel, gibt den Würfel nach links weiter und hat jetzt Zeit, sein Geschenk in aller Ruhe auszupacken und sich zu freuen.

Im Wald und auf der Wiese - bei den Elfen

Gesang der Elfen

Um Mitternacht
wenn die Menschen schlafen
dann scheinet uns der Mond
dann leuchtet uns der Stern
wir wandeln und singen
und tanzen erst gern.

Um Mitternacht
wenn die Menschen erst schlafen
auf Wiesen an den Erlen -
wir suchen unseren Raum
und wandeln und singen
und tanzen einen Traum.

(J. W. von Goethe)

Elfen sind Lichtwesen und dem Element Luft zugeordnet. Das Element Luft symbolisiert Klarheit, geistiges Sein, Inspiration, Einsicht, Lebendigkeit. Elfen vermögen sich durch die Luft zu bewegen, darum werden sie auch gerne mit Flügeln dargestellt. Die Flügel sind auch ein Sinnbild für die Fähigkeit, zwischen den Welten und in höheren Sphären zu schweben. Der Humor der Elfen zeigt ihre geistige Leichtigkeit. Die meisten Wesen dieser Gattung sind zart, ätherisch, freundlich und schön. Sie stehen dem Menschen nahe und nehmen gern Kontakt zu ihm auf. Die meisten Menschen wissen das gar nicht. Sie empfinden lediglich eine allgemeine Freude in der Natur oder über einen Blumenstrauß und sehen nicht die Elfen, die um diese Pflanzen sind.

Nach Meinung der Theosophen besteht die Aufgabe der Elfen darin, die Lebenskraft der Sonne aufzunehmen und an die Welt abzugeben. Blumen-

elfen sind so das Bindeglied zwischen der Sonnenenergie und den Mineralstoffen des Bodens. Es gibt Elfen, die für die Struktur und die Farben der Blumen zuständig sind, andere, die um die Wurzeln herum wirken. Elfen helfen beim Werden und Vergehen.

Den weiblichen Elfen sagt man nach, sie seien von einem derart ansprechenden Äußeren, dass ein Mann, der eine weibliche Elfe erblickt, nicht mehr von ihr loskommt.

Die Geschichte der Abstammung der Elfen stellt sich unterschiedlich dar. Während die einen davon ausgehen, dass es sich um gefallene Engel handelt, die aus dem Himmel verbannt wurden, meinen die anderen, sie seien einfach dem Boden entwachsen. Dem Volk der Elfen wird Weisheit und eine unterschiedlich ausgeprägte magische Begabung zugesprochen. Elfen lieben Düfte und Farben; zu essen brauchen die Elfen eigentlich nichts, sie werden allein vom Ansehen leckerer Speisen satt.

Licht ist für Elfen sehr wichtig. Sie lieben wärmenden Sonnenschein genauso wie eine helle Vollmondnacht. In den Sommernächten, wenn der Mond scheint, am liebsten zur Sommersonnenwende, kommen die Elfen aus ihren geheimen Wohnungen hervor und versammeln sich zum Tanz auf ihren Lieblingsplätzen.
Sie besitzen eine ausgeprägte musikalische Begabung, die sie gerne auf vielen Festen zeigen. Dem Menschen ist der Anblick solcher Feiern nicht vergönnt. Wer doch zu einem Elfenfest kommt, hat Mühe, sich davon wieder zu lösen. Wer meint, es seien nur einige Stunden vergangen, stellt nach seiner Rückkehr zu den Menschen fest, dass tatsächlich viele Jahre vorbei sind. Diejenigen, die Elfen besuchen und wieder zurückkommen, sind beladen mit Reichtümern. Doch sind diese Menschen oft seltsam verändert.

In anderen Ländern nennt man Elfen auch Devas, Sylphen, Oreaden, Dryaden oder Dames Vertes. Die Elfen entsprechen am ehesten dem Bild, das sich Menschen von Feen machen, wobei Elfen stärker nach ihrer Natur handeln, also ihrem Element entsprechen, während Feen keinem Element zugeordnet sind und mehr persönliche Eigenheiten besitzen.

Elfengesang

Nr. 12
Text: S. Steffe
Musik: G. Geisinger

2. Unterm großen Himmelszelt
Leuchten hell die Sterne
Und eine süße Melodie
Erklingt aus weiter Ferne
Die Wesen aus der Anderswelt
Schweben wie Libellen
Mit elfenzartem Flügelschlag
Um verborgne Quellen.

Refrain: Wir singen ...

3. Durch den frühen Morgentau
Scheint die goldne Sonne
Und das Vogel-Tirili
Begrüßt den Tag voll Wonne
Die Elfenkinder strecken leis'
Ihre feinen Glieder
Geben sich die kleine Hand
Und singen Zauberlieder.

Das Reich der Blumenelfen

Elbenringelreigen

Auf der Wiese webt und schwebt
Elbenringelreigen;
Feiner Flüsschen Schnee sich hebt
zu geheimen Geigen.

Schleier schlingen sich im Ring,
Silberflechten flimmern,
Flügel wie vom Schmetterling
scheu im Monde schimmern.

Jedes Köpfchen krönt ein Kranz
goldner Leuchtlaternchen,
wunderwirr verstrickt der Tanz
all die tausend Sternchen.

Christian Morgenstern

Blumenelfen sind an ihrem Duft zu erkennen. Blumenelfen sind ätherische Wesen, die überaus positive Energien ausstrahlen. Darum mögen die Menschen die Blumen so sehr. Auch wenn es den Menschen oft nicht bewusst ist, nehmen sie, indem sie die Blumen hegen und pflegen, Kontakt zu den Elfen auf. Die Blumen danken es ihnen mit heilsamen und liebevollen Energien.

Fantastische Reise in das Reich der Blumenelfen

Alter: ab 4 Jahren
Material: ätherisches Öl (Lavendel), evtl. Entspannungsmusik Element Luft
Durchführung: siehe Allgemeine Hinweise zu Fantasiereisen (S. 16)

„Stellt euch vor, es ist Frühling. • Der erste warme Tag im Jahr. • Es weht ein laues Lüftchen und ihr beschließt in Gedanken einen Frühlingsspaziergang zu unternehmen. • Ihr lauft einen Weg entlang, der rechts und links gesäumt ist von blühenden Apfelbäumen. • Die Apfelblüten verbreiten einen bezaubernden Duft. Ihr atmet die Frühlingsluft tief ein. • Die Blüten sind nicht nur auf den Zweigen, die sich über euren Köpfen zu einem Blütendach vereinen, sie breiten auch einen weißen Teppich unter euren Füßen aus. • Wie Königskinder lauft ihr durch dieses weiße Tor. • Ihr fühlt euch frei und leicht. • Ihr nehmt das Leben leicht und scheint zu schweben. • Vor euch liegt ein sanftes grünes Tal. Die Sonne wärmt euch. Mit den Vögeln begrüßt ihr den Frühling. • Auf der Wiese locken euch die ersten leuchtenden Blümlein an. • Ihr kniet euch zu den Blumen nieder und da ist euch so, als wäre da eine kleine Blumenelfe, die euch ein Blümchen gibt. • Wie könnte sie aussehen, die Blumenelfe? • Welche Blume schenkt sie euch? Welche Farbe hat sie? Wie duftet sie? • Ihr bedankt euch für das Blümlein und geht beschwingt euren Weg zurück. • Ihr beendet den Spaziergang in die Fantasie und kommt langsam wieder hierher zurück."

Elfenspaziergang auf der Wiese

Alter: ab 4 Jahren
Ort: sanfte Hügel, Blumenwiesen, Obstwiesen, lichte Wälder

Bei diesem Elfenerlebnis-Spaziergang mit den Kindern richtet sich das Augenmerk diesmal nicht auf dunkle Nischen und Höhlen im Waldesinneren, sondern auf die ganze Atmosphäre über der Erde. Wir achten auf den sachten Wind, lauschen, was wir hören, und lassen uns vom Duft und den Farben der Blumen leiten.
Wir sammeln auf diesem Spaziergang weniger Naturmaterialien, sondern vor allem unsere Eindrücke mit all unseren Sinnen.
Der erwachsene Begleiter erzählt auf dem Spaziergang von den Elfen (vgl. oben) und gemeinsam

sucht die Gruppe einen möglichen Elfenhügel, einen potentiellen Elfentanzplatz und jeder erzählt, wo welche Elfe wohnen könnte.
Geheimnisvolle Elfenplätze sind die Stellen auf einer Blumenwiese, an denen besonders viele Blumen wachsen, oder die Stelle in einem lichten Wald, an der das Moos besonders weich oder ganz dünnes Gras besonders grün hervorbricht. Es gibt auch andere Zeichen: Da wächst aus unerklärlichen Gründen an einer Stelle so viel Klee, dass dies bestimmt ein Platz ist, an dem sich Elfen aufhalten ...
Zum Abschluss pflücken die Kinder einen Blumenstrauß, um ein paar Blumenelfen zu locken, mit ihnen nach Hause zu kommen.
Sind die Blumen verblüht, bringen die Kinder den Strauß auf den Kompost, dann können sich die Blumenelfen eine neue Blume suchen und haben nicht so schwere Arbeit mit der Verwandlung der Blume.

Elfengeläut

Alter: ab 4 Jahren
Material: ein Glöcklein
Spielort: auf der Wiese oder auf der Waldlichtung

Ein Kind wird zur Elfe und bekommt von der Spielleitung das Elfenglöcklein. Die Kinder stellen sich im Kreis auf und schließen die Augen. Die Elfe läutet die ganze Zeit und läuft im Kreis herum. Sie tippt einem Kind auf die Schulter, dieses öffnet die Augen und geht vorsichtig eine Runde mit der Elfe mit und dann wieder in den Kreis zurück. Verstummt das Glöcklein, öffnen alle die Augen und raten, welches Kind mit der Elfe gegangen ist.

Die Prozession der Wiesenkönigin

In alten Erzählungen wird davon berichtet, dass es nur wenigen Menschen vergönnt war, das Gefolge der Wiesenkönigin in einer langen Prozession bewundern zu dürfen. Meist war es so, dass dieser Mensch auf einer Wiese lag, zu träumen begann und die Zeit vergessen hatte. Irgendwann teilte sich die Wiese, und mit kleinen silbernen Fanfaren kündeten Grünelfen, gerade so groß wie ein Daumen, die Prozession der Wiesenkönigin an.

Es ist nämlich so:
Wenn der Schnee über das Land fegt, schlafen sie, die Blumenkinder. Lange, lange bevor der Frühling Einzug hält, wird in der Erde auf Hochtouren gearbeitet. Jeder weiß, dass die Blumenelfen unter der Erde sich vorbereiten für das kommende Jahr. Eigentlich wird jede Blume von drei Elfen behütet. Die eine ist das Wurzelkind, das sich unter der Erde um die Wurzeln kümmert, das andere ist das Blumenkind, das genau aussieht wie die Blume, es wohnt in der Blume und im Stängel, und das dritte Elfchen ist die Blumenfee, sie schwebt über der Blume. Diese können wir nur riechen, sie ist für unsere Augen unsichtbar und nur am Duft zu erkennen.
Die Wurzelkinder arbeiten im Winter besonders viel. Sie geben der Wurzel Kraft, helfen, dass die Blumenzwiebeln sich in der Erde gut entwickeln und rechtzeitig Wurzeln treiben. In dieser Zeit ruht das Blumenkind und die Blumenfee träumt vom wärmenden Sonnenschein, von den schönsten Blütenfarben, von den betörendsten Düften, auch von Schmetterlingen und Bienen, die die Blume besuchen werden. Dadurch bekommt diese Blume wieder so Lust, sich zu entfalten, dass sie sich im Frühling reckt und streckt und ihre Blütenknospe aus der Erde treibt.

Nun beginnt die lange Prozession der Wiesenkönigin, die ein so großes Gefolge hat, dass man es gar nicht aufzählen kann. Angeführt wird diese Prozession von der Christrose mit ihren zarten Blättern. Sie blüht bereits um Weihnachten herum. Danach folgt das Schneeglöckchen. Es ist weiß wie der Schnee und sein zartes Glöckchen verkündet den Vögeln, dass bald der Winter vorbei ist und sie bald wieder Futter in Hülle und Fülle haben werden. Osterglocken läuten Ostern ein. Dann kommen die Schlüsselblumen, so um Ostern herum, sie haben ihren Namen, weil behauptet wird, wer mit einem Schlüsselblümchen an einem Elfenhügel anklopft, dem wird der Eintritt ins Elfenreich gewährt. Begleitet wird das Schlüsselblümchen von der Anemone oder auch Kuckucksblume genannt. Wenn sie in der Prozession gesehen wird, beginnt der Kuckuck laut zu rufen und über der Erde sind alle bereit und freuen sich auf den Frühling. Ganz scheu steht das Veilchen am Wegesrand und kündet den Frühling. Zwischen Vergissmeinnicht blühen Tulpen leuchtend in den Farben gelb und rot. Das Maiglöckchen läutet den Maien ein, Waldmeister, Butterblume, Gänseblümchen, Margerite, Malve, Johanniskraut, Glockenblume, Mohn, Kapuzinerkresse, Lavendel und Rose folgen - die ganzen Wiesenkräuter nicht zu vergessen. Die Prozession ist unbeschreiblich prächtig und dauert genau ein Jahr.

Ihr fragt, wer die Wiesenkönigin ist? Na, ganz einfach: die Wiese selbst, die sich über ihre vielen prächtigen Blumenkleider freut und die zu jeder Jahreszeit einen anderen Blumenkranz trägt. Zuerst einen weißen, dann einen gelben, einen orangen, roten, lila, blauen und schließlich wieder einen immergrünen Winterkranz.

Das Gefolge der Wiesenkönigin

Alter: ab 4 Jahren
Material: Papier, Buntstifte
Variante: Blumenpresse, Wiesenblumen, Papier, Klebstoff

Jeden Monat malen die Kinder je eine Monatsblume. Am Ende des Jahres zeigen sie die „Prozession der Wiesenkönigin" in einer Ausstellung.

Variante für Ältere
Die Kinder sammeln das Jahr über die Wiesenblumen, pressen sie und verwahren sie mit jeweiliger Monatsangabe versehen.
Am Ende des Jahres kleben sie die gepressten Blumen zu einer Prozession auf.

Wohliges Zuhause für Elfen

Anders als die irdischen Zwerge schweben Elfen im Raum, in der Luft und lassen sich nicht an einen bestimmten Ort bringen. Sie lieben es, wenn ein Raum von heiterer Leichtigkeit ist, erfüllt von angenehm reiner Luft und harmonischen Farbspielen. Dann bereichern sie die Räume und wir können sie erahnen durch die Bewegung eines Windspiels, durch den zarten Klang von Glöckchen und den angenehmen Duft von frischen Blumen, ätherischen Ölen oder getrockneten Kräutern.

Elfengrün

Blumenstrauß

Der beste Elfenplatz ist ein frischer, selbst gepflückter Blumenstrauß. Gekaufte Blumen, die in Gewächshäusern aufgezogen wurden, mögen Elfen nicht so gerne.
Durch den Duft der Blüten können wir die Blumenelfen erahnen. Sichtbar werden sie durch ein selbst gestaltetes Blumenkind (S. 62).

Elfengras

Material: Tonschale, Erde, Grassamen

Die Schale mit Erde füllen, mit Grassamen bestreuen, vorsichtig bewässern und das Gras 2 Wochen sprießen lassen. Das Elfengras mit Blumenkindern beleben (S. 62).

Elfendüfte

Wohl fühlen sich Elfen in einem angenehmen Duft. Je nachdem, welchen Duft wir wählen, laden wir auch entsprechende Elfen ins Haus ein:

Rosen-Potpourri

Material: Schale, getrocknete Rosenblätter, evtl. Rosenöl (sehr kostbar, Alternative: Rosengeranie)

Die Rosenblätter in einer Schale dekorieren und mit etwas Rosenöl beträufeln.

Lavendelsträußchen

Material: Lavendelblüten, evtl. Lavendelöl

Die Lavendelblüten zu einem Strauß binden und mit den Blüten nach unten aufhängen und trocknen lassen.
Sind die Sträuße trocken, die Stängel unten so schneiden, dass der Strauß auf den Stielen stehen bleiben kann.
Lässt der Duft nach, zusätzlich mit etwas Lavendelöl beträufeln.

Ätherische Öle

Material: Duftlampe, ätherische Öle (s.u.)
Hinweis: Nur 100 % naturreine Öle verwenden. Öle nicht in die Augen und an Schleimhäute bringen. Für Kinder unzugänglich aufbewahren.

Je nach Anlass oder Stimmung, unterstützen entsprechende Duft-Öle die Atmosphäre im Raum. Oft genügen 3-5 Tropfen der Essenz in der Aromalampe.

Wirkung der ätherischen Öle

Bergamotte	anregend, aufmunternd, entspannend und beruhigend
Eukalyptus	anregend, krampflösend, hustenstillend und schleimlösend
Minze	wie eine Frischedusche fürs Gedächtnis
Lemongrass,	erfrischend, belebend, ermunternd und anregend
Mandarine/Orange	erfrischend, aufheiternd, inspirierend und aufbauend
Zitrone	erfrischend und belebend, bringt Leichtigkeit in den Alltag und erleichtert geistiges Arbeiten
Geranie	entspannend, ermutigend und harmonisierend
Kamille	beruhigend, leitet in den Schlaf und beschützt Träume
Lavendel	beruhigend und ausgleichend, reinigend und aufbauend
Rose	harmonisierend, aufhellend, entspannend, sinnlich anregend (sehr kostbare Essenz)
Weißtanne	erholsam und schafft neue Klarheit – wie ein Spaziergang im Wald
Jasmin	entspannend, harmonisierend – erinnert an eine Nacht unter südlichem Himmel
Nelke	fördert die Fantasie und Beweglichkeit im Denken. Gemischt mit Zimt, Jasmin und Orange (1:1:1:5) ergibt sich ein herrlicher Weihnachtsduft. Auch Nelke und Orange (1:5) ist ein schöner Duft für die Adventszeit.
Rosmarin	belebend, weckend, stärkend

Elfenklang

Klänge versetzen die Luft in Schwingung.
Elfen lieben es mit den Klängen durch die Lüfte zu schweben.

Alter: ab 4 Jahren
Material: alle verfügbaren Instrumente (vor allem Glöckchen, zart klingende Instrumente)

Gemeinsam stimmen die Kinder einen sphärischen Klang an.

Elfenfarben

Weil Elfen Lichtwesen sind, lieben sie es, mit Farben zu spielen. Darum hier zwei Elfenfarbenspielzeuge.

Regenbogenspirale

Material: Tonpapier in Regenbogenfarben, Bleistift, Schere, Bindfaden, Nadel

Auf das Papier mit dem Bleistift eine Spirale aufmalen und mit der Schere ausschneiden.
Durch den Mittelpunkt der Spirale mit der Nadel einen Faden durchziehen.
Die Regenbogenspirale an die Decke hängen.
Durch jeden Lufthauch dreht sich die Farbspirale.

Perlen-Windspiel

Material: Rundholzstab (50 cm lang), Nylonfaden, bunte Glasperlen oder Prismentropfen

Die Perlen jeweils auf Nylonfäden unterschiedlicher Länge (30-50 cm) fädeln und diese am Rundholzstab befestigen. Das Windspiel so im Raum befestigen, dass Sonnenstrahlen durch die Glasperlen fallen können. So entstehen bunte, tanzende Lichtpunkte im Raum.

Blumenelfen selbst gemacht

Blumenkind

Alter: ab 6 Jahren
Material: hauchdünner Stoff (10 x 10 cm), Nadel und Faden, Wattebällchen oder Holzperle, Filzstift, Blume, evtl. Blumendraht

Faden einfädeln und an einem Ende dick verknoten. In der Mitte des Stoffes die Nadel von unten durchstechen und durch die Perle (das Wattebällchen) fädeln. Der Faden dient so gleichzeitig als Aufhängung. Den Blütenstängel kurz abknipsen und von oben durch die Perle stecken, sodass die Blüte wie die Kopfbedeckung eines Blumenkindes aussieht.
Mit Filzstift ein Gesicht aufmalen.
Soll das Blumenkind über einem Blumenstrauß oder über dem Elfengras schweben, wird es auf einen stabilen Blumendraht gesteckt.

Elfenbild

Alter: ab 4 Jahren
Material: Papier und Buntstifte

Die einfachste Methode, Blumenelfen sichtbar werden zu lassen, machen die Kinder oft schon von alleine: Sie malen Blumen und zeichnen in das Innere der Blüte ein Gesichtchen.
So malen Kinder automatisch auch Sonnenelfchen, indem die Sonne auch ein Gesicht bekommt.

Rosenelfchen

Die Heckenrose, also die wilde Rosenart, taucht im Märchen von Dornröschen auf. Freitags gepflückt, soll sie besonders heilkräftig sein. Ihre Knospen, als Tee getrunken, wirken gegen Verstopfungen und Magenkrämpfe.
Rosenelfen wecken die Lebensfreude. Aus den Früchten werden nicht nur wohlschmeckende, sondern wegen des hohen Wirkstoffgehaltes sehr heilsame Zubereitungen hergestellt.

Alter: ab 4 Jahren
Material: 1 getrocknete Rose, 1 Holzperle, 1 weißes Federchen, Klebstoff

Die Rose mit 1 cm Blütenstängel abknipsen, den Stängel in die braune Holzperle stecken.
Ein Gesichtchen mit schwarzem Filzstift auf die Perle malen, ein wenig Flaum der Feder als Haare aufkleben.
Die Rosenblüte sieht wie ein Reifrock aus und bleibt auf jeder Unterlage stehen.

Tücherelfenmarionette

Alter: ab 4 Jahren (mit Hilfe)
Material: Chiffontuch (ca. 60 cm im Quadrat), Märchenwolle oder Füllwatte, Nylonfaden, Kleiderbügel

Aus der Füllwatte eine Kugel formen. Diese auf die Mitte des Tuches legen und mit Bindfaden einen „Kopf" abbinden.
Das Tuch zum Dreieck falten, so dass der Kopf in der Mitte der Faltkante liegt.
In die Tuchenden rechts und links der Faltkante kleinere Wattekugeln als Hände abbinden.
An den Kopf einen Nylonfaden von ca. 30 cm nähen und am Ende mit einer Schlaufe versehen. Diese am Haken des Kleiderbügels aufhängen.
An die Hände jeweils einen Nylonfaden von 40 cm nähen und an den Enden des Kleiderbügels fest verknoten.

Zum Spielen ziehen die Kinder die Schlaufe des Kopfes über den Mittelfinger – durch Auf und Ab der Hand lässt sich der Kopf bewegen.
Die Arme lassen sich mit dem Kleiderbügel bewegen.
Wird nicht gespielt, hängt das Elfchen an einem Faden an der Zimmerdecke, dann kann es sich von selbst bewegen.

Elfenreigenmobile

Alter: ab 6 Jahren (mit Hilfe)
Material: 8 Chiffontücher in Regenbogenfarben: orange, rot, lila, blau, blaugrün, grün, gelb, weiß (oder entsprechend eingefärbte alte Stoffwindeln), Füllwatte, Gymnastikreifen, Nylonfaden

Aus den Tüchern wie oben beschrieben acht Tücherelfen gestalten.
Ein Fadenkreuz auf den Reifen tackern. Hieran am Kreuzpunkt die weiße Tücherelfe befestigen.
Die sieben farbigen Elfen am Nylonfaden im Farbkreis des Regenbogens am Reifen befestigen.
Die Hände der Elfen mit einem Stich zusammennähen. Die vier Enden des weißen Tuches mit den Enden der anderen Tücher vernähen.

Elfchen im Schneckenhaus

Alter: ab 4 Jahren mit Hilfe
Material: Stoffrest dünn aber blickdicht (10 x 10 cm), Häuschen einer Weinbergschnecke, Handbohrer, Schaschlikstäbchen, Holzperle, Engelshaar, Filzstifte (rot, blau), Faden, Klebstoff

Den Schaschlikstab an einem Ende mit Klebstoff versehen. Darauf die Holzperle setzen.
Das Engelshaar in die obere Öffnung der Holzperle kleben.
Auf die Perle mit Filzstift ein Gesicht aufmalen.
Den Schaschlikspieß von oben durch die Mitte des Stoffes stechen und mit dem Bindfaden unterhalb der Perle festbinden.
In das Schneckenhaus gegenüber der Öffnung mit dem Handbohrer vorsichtig ein kleines Loch bohren (s. Abb.).
Den Schaschlikstab mit dem unteren Ende durch den Schneckenhauseingang und das gebohrte Loch stecken.
Den Stoffsaum ringsum in den Rand der Schneckenhausöffnung kleben.

Ziehen die Kinder am Schaschlikstab, versteckt sich das Elfchen, schieben sie den Stab nach oben, erscheint das Elfchen.

Blumenelfe aus Märchenwolle

Material: Märchenwolle (wollweiß und 2 Farben z. B. grün-braun oder blau-orange), Nähfaden in der gleichen Farbe

Hinweis: Die Durchführung ist etwas kompliziert, deshalb brauchen die Kinder dafür mehr Unterstützung von einem Erwachsenen. – Aber der Aufwand lohnt sich!

- Zwei Stränge wollweiße Märchenwolle von jeweils 20 cm Länge über Kreuz legen. Senkrecht entstehen daraus Kopf und Körper, waagerecht die Arme.
  Den senkrechten Strang um die Arme nach unten schlagen und in der Mitte in etwa 1 cm Durchmesser den Kopf kugelförmig abbinden.
- Jeweils 1 Strang braun und 1 Strang grün ebenfalls von 20 cm Länge rechts und links neben dem Kopf als Kleid über die Arme falten (s. Abb.).
- Die Arme fest zwirbeln und vor dem „Bauch" einmal verdrehen (verschränken) und unter dem bunten Kleid im wollweißen Körper verschwinden lassen.

- Mit einem Bindfaden die Taille samt Händen und Kleid abbinden.
- Einen dünnen, braunen Strang (10 cm lang) um die Taille legen und auf dem Rücken ein Schleifchen binden.
- Zwei dünne braune Stränge über Kreuz legen. Den senkrechten Teil mit einem Faden in der Mitte abbinden, umschlagen und als Haarschopf am Kopf festnähen.
- Am Hinterkopf die vier Stränge zu zwei festen Zöpfen flechten und mit grüner Wolle zwei Schleifchen binden.
- Aus 2 Strängen grüner Wolle einen kleinen Kopfkranz drehen mit grünem Faden am Haaransatz und am Hinterkopf annähen.
- Die Haare auch noch einmal annähen und den grünen Faden zum Schluss durch die Haare am Scheitel als Aufhängung durchfädeln.

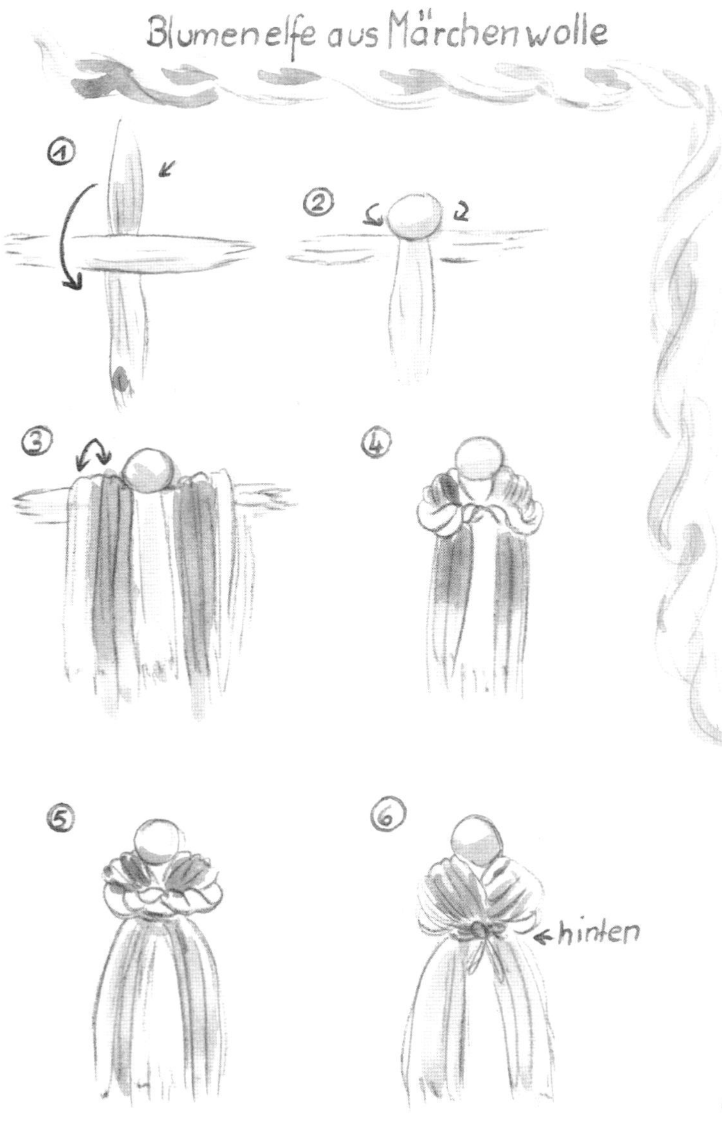

Das Sonnenelfchen

Die glücklichsten Elfen zwischen Himmel und Erde sind die Sonnenelfchen. Sie schenken der Erde Licht und mit dem Licht auch die Farben. Sie malen den Regenbogen an den Himmel, wenn die Erde trübe scheint. Ohne die Sonnenelfchen könnten die Blumen und Pflanzen gar nicht gedeihen. Sie schenken uns auch Wärme. Und das allertollste: Die Sonnenelfchen machen wirklich glücklich! Das Sonnenlicht regt im Körper des Menschen ein Hormon an, das Endorphin, das zuständig ist für Glücksgefühle.

Alter: ab 4 Jahren
Material: gelber Stoff, etwas Watte oder Märchenwolle, Zackenschere, gelbe Pappe, Kuchenteller, gelbe Wolle, Eierbecher, Filzstift oder Nadel und Faden

Den Kuchenteller auf den Stoff legen und mit dem Bleistift umranden. Den Kreis mit der Zackenschere ausschneiden.
Aus der Watte eine feste Kugel für den Elfchenkopf formen, in die Mitte des Stoffes legen und mit der Wolle abbinden.
Auf den Fotokarton den Eierbecher stellen und mit dem Bleistift umranden. Den Kreis mit der Zackenschere ausschneiden.
Mit der gewöhnlichen Schere das Innere des Kreises ausschneiden, so dass ein Strahlenkranz entsteht, der auf den Kopf des Sonnenelfchens passt.
Mit Filzstift ein Gesicht aufmalen – ältere Kinder können das Gesicht auch aufsticken.

Das Sonnenelfchen kann als Glücksbringer verschenkt werden, mit vielen Sonnenelfchen kann ein Sonnenmobile entstehen ...

Tanz, Spiel und Heilkraft der Blumenelfen

Die Heilkraft der Blumen

So wie die Steine des Erdreiches Menschen heilende Energien spenden sollen, so tun es auch die Blumen. Wer den betörenden Duft einer Rose schon mal gerochen hat, der empfindet selbst, wie dieser Duft das Herz rührt. Und wer frischen Lavendel geschnuppert hat, der spürt seine erfrischende Wirkung. Von den vielen heilenden Kräutern einmal ganz abgesehen. Aber auch den bescheideneren Blümlein sagt man eine Wirkung auf den Menschen nach – und sei es nur durch ihr jeweiliges Aussehen bedingt.

So heißt es:

Anemonen	helfen, die Dinge humorvoll zu sehen.
Dotterblumen	wecken das innere Kind.
Gänseblümchen	wecken die Kreativität. Fröhliche Luft- und Erdgeister sollen sich gerne in ihrer Nähe aufhalten.
Glockenblumen	fördern die Selbsterkenntnis und sollen helfen, in Kontakt mit Elfen zu kommen.
Lavendel	fördert die Erinnerung.
Löwenzahn	macht Mut, zur eigenen Meinung zu stehen.
Mimosen	machen gefühlvoll.
Rosen	wecken das Herz.
Tulpen	helfen, Ordnung ins Leben zu bringen.
Veilchen	aktivieren die Wahrnehmung.
Ringelblumen	haben heilenden Einfluss.
Schlüsselblumen	sollen sogar unsichtbar machen.

Selbst Blumenelfe sein

Blumenelfen sind so schön wie die Blumen, die sie behüten. Wenn sich ein Kind auch einmal in eine Blumenelfe verwandeln möchte, entscheidet es sich am besten für seine Lieblingsblume und betrachtet diese genau. Vielleicht hilft ja auch die Wirkung der Blumen (s. o.) bei der Auswahl ein wenig.

Blumenhut

Am meisten fällt die Blütenform einer Blume ins Auge. Diese Blüte kann für das Kind als Hut gestaltet werden, entweder mit Krepppapier oder aufwändiger aus Filz.

... aus Krepppapier

Alter: ab 4 Jahren (mit Hilfe)
Material: Krepppapier (Farbe je nach Blüte), Fotokarton (grün), Schere, Klebstoff, Tacker, Bleistift

Auf den Fotokarton mit Lineal und Bleistift einen Streifen von 60 cm Länge und 4 cm Breite zeichnen und ausschneiden, dies ist das „Hutband".

Blumenhüte

Elfenflügel

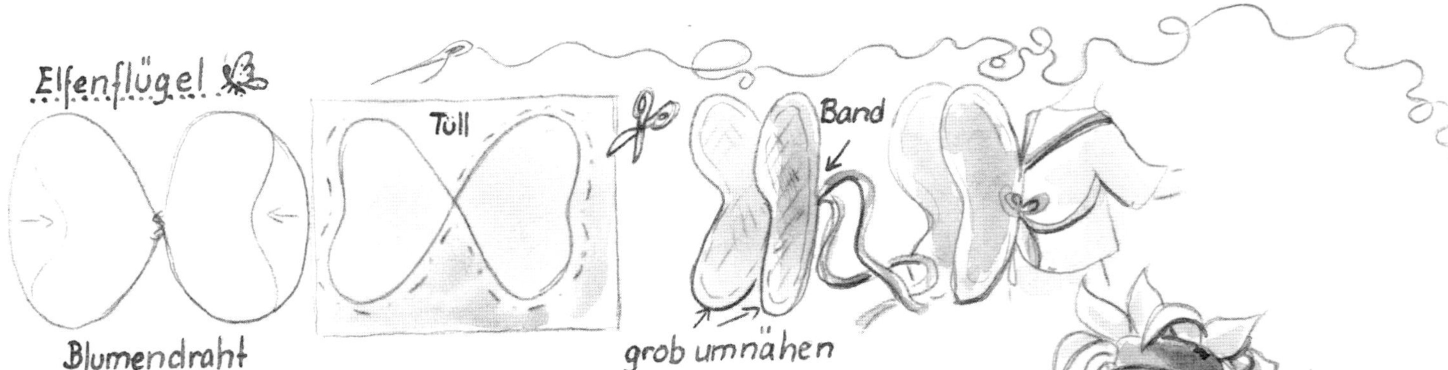

Blütenrock

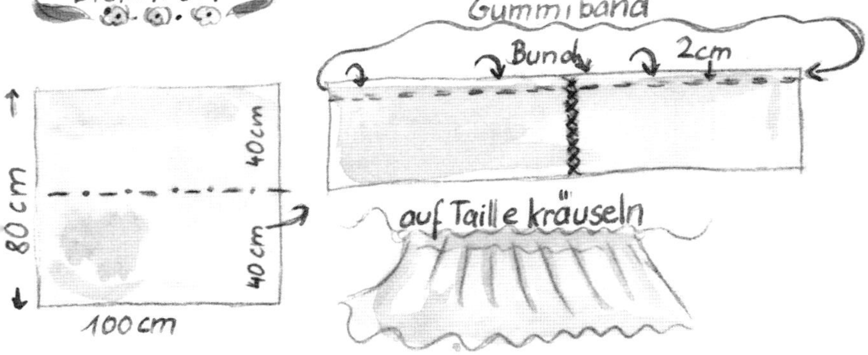

Blütenblätter und grüne Streifen ausschneiden (s.o)
und an das Bündchen nähen.

Das Krepppapier einmal auseinander falten (Breite ca. 20 cm), einmal in der Mitte durchschneiden und auf eine Hälfte die jeweilige Blütenblätterform aufzeichnen und ausschneiden. (s. Abb.)

Bei Blütenformen, die einen Blütenkranz haben, wie bei der Margerite, dem Gänseblümchen, der Aster oder der Ringelblume:

- die Blütenblätter auffalten, leicht kräuseln und auf den Fotokarton aufkleben, dass die Blütenblätter als Kranz nach außen gebogen werden können.
- Rechts und links einen Rand von 3 cm lassen.
- Nach dem Trocknen des Klebers das „Hutband" dem Kopfumfang des Kindes anpassen und mit dem Tacker verbinden.

Handelt es sich bei der Blüte um eine Glockenform, wie zum Beispiel bei der Glockenblume:

- zuerst eine Blüte formen (siehe Abb.)
- und dann die Blütenspitzen über das „Hutband" kleben.

... aus Filz (Beispiel: Gänseblümchen)

Material: Filz (1 m weiß, 50 cm gelb, 60 cm grün), Schere, Nähmaschine, Faden, Essteller

- Den gelben Filz ausbreiten, den Essteller darauf legen, einen Kreis mit Bleistift aufzeichnen. Den so entstandenen Kreis wie einen Kuchen in 8 gleiche Teile teilen, am Rand ca. 4 cm einschneiden und mit der Nähmaschine wieder so zusammennähen, dass sich der Kreis wie eine Kappe wölbt und so der Kopfform besser angepasst ist.
- Auf den grünen Filz einen Streifen von 60 cm auf 4 cm Breite als „Hutband" aufzeichnen und ausschneiden.
- Die Blütenblätter auf den weißen Filz übertragen, ausschneiden und mit der Nähmaschine auf das Hutband nähen.
- Nun die gelbe Kappe einpassen und ebenfalls mit der Nähmaschine in das Hutband nähen.

Blütenrock

Material: pro Kind 1 m Tüll (30 cm breit), Filz (weiß, grün und gelb), Schere, Gummiband, Nähmaschine, Faden

- Den Tüll in der Mitte auseinanderschneiden, sodass er 40 cm breit ist.
- Die zwei Hälften an den Schmalseiten zu einem Rock zusammennähen.
- Den Rockbund 2 cm umsäumen, das Gummiband einfädeln und nach Taillenumfang des Kindes abschneiden und verknoten.
- Nach Belieben weiße Blütenblätter ausschneiden und auf den Rock nähen. Dazwischen längere, grüne, dünne Streifen nähen. (s. Abb.)

Elfenflügel

Material: Tüll, Blumendraht, Nadel und Faden, dünnes Stoffbändchen (ca. 1,40 m)

Den Blumendraht zu einer liegenden Acht formen.
Die Acht an den Seiten rechts und links etwas eindellen, dass eine Schmetterlingsflügelform entsteht.
Die Drahtform auf den Tüll legen und mit dem Bleistift großzügig umrahmen.
Den Stoff ausschneiden und mit grobem Stich an den Draht nähen.
Das Stoffbändchen in der Mitte am Kreuzungspunkt der Acht ebenfalls annähen.
Zum Tragen das Bändchen oben um die Schultern führen und auf dem Rücken unter den Flügeln zusammenbinden.

Die grünen Jungs

Wahrscheinlich ist die Blumenkinderverkleidung nicht so ganz das Wahre für hartgesottene Jungs. Aber da gibt es ja noch die grünen Jungs im Wald und auf der Wiese, jene schalkhaften grünen Kobolde, die das Wiesenleben erst so richtig lustig machen.
Die Farne treiben gerne ihr Unwesen, indem sie nichtsahnenden Spaziergängern von weitem schon zuwedeln, obwohl sich kein Windhauch regt. In nichts nach stehen ihnen die Efeuranken, die ewig wetteifern, wer am schnellsten einen Baum hochgeklettert ist, oder der Waldmeister, der im Mai so himmlisch in Bowle schmeckt, aber auch bei Übergenuss Kopfzerbrechen verursachen kann. Nicht zu vergessen natürlich das Kleeblatt und hier das vierblättrige als wahrer Glücksbote. Die Verkleidung für die Robin Hoods des Waldes ist nicht schwer:

Alter: ab 4 Jahren (mit Hilfe)
Material: grüner oder brauner Filz (pro Kobold je ca. 1,40 m), 1 m Kordel, je nach Koboldsart frischen Waldmeister, Efeu oder Farn

Weste

Den Filz (1,40 m lang, 40 cm breit) einmal falten (70 x 40 cm) und an der Faltkante in der Mitte einen Halsausschnitt einschneiden. Eine Kordel hält die Weste zusammen.

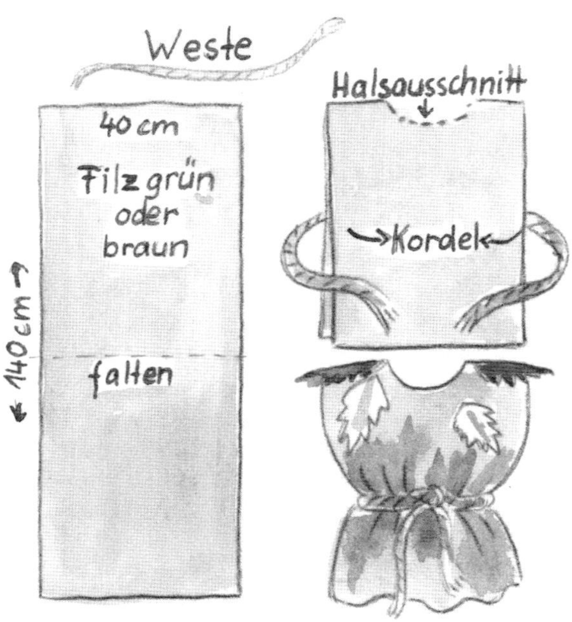

Hut

Den Filz (35 cm auf 50 cm) wie einen Papierhut falten (s. Abb.) und die Ecken der Faltkanten mit der Hand vernähen.

Weste und Hut mit den entsprechenden Grünpflanzen mit grobem Stich schmücken.

Husch, husch, husch unterm Hollerbusch

Der Hollerbusch ist der Lieblingsaufenthalt von Elfen. Und ist es nicht wirklich erstaunlich, dass ein Holunderbusch niemals gepflanzt werden muss, sondern sich immer freiwillig in der Nähe von Menschen ansiedelt. Im Holunder, so heißt es, wohnen wohl alle guten und schützenden Geister, die der Mensch braucht. Seine Blüten und Beeren sind eine wohlschmeckende, vitaminreiche Ergänzung auf unserem Speisezettel – ideal bei Erkältungskrankheiten und ganz allgemein zur Stärkung des Immunsystems.
Früher hielt man den Holunder für den Wohnsitz einer lebensspendenden Göttin – der Frau Holla. Deshalb wurde auch Holunder nie gefällt oder gar verbrannt.

Alter: ab 3 Jahren

Die Kinder nehmen sich an der Hand laufen im Kreis und singen das Lied.

Ringel, Ringel Reihe
Sind der Kinder dreie
Sitzen unterm Hollerbusch
Machen alle husch, husch, husch

Variante
Drei Kinder sind in der Mitte die Hollerelfchen. Die anderen bilden einen Kreis um sie. Bei „husch, husch, husch" drehen sich die Drei um und versuchen die andern zu fangen. Wer gefangen ist, wird zur Hollerelfe.

Tanz um den Schmetterlingsstrauch

Der Schmetterlingsstrauch ist ein Lieblingsplatz der Blumenelfen. Er duftet so gut, dass sich hier im Sommer täglich viele, viele Schmetterlinge einfinden. Völlig ungeniert mischen sich darunter Blumenelfchen, denn kaum ein Mensch kuckt richtig hin, ob es sich nun tatsächlich um einen Schmetterling oder ob es sich etwa um ein Elfchen handelt.
Beim Spaziergang am Waldesrand neigen sich die Schmetterlingssträucher mit ihren lila Blütendolden oft so tief nach unten, dass man wirklich zweimal hinkucken muss, ob da ein Blumenelfchen Spitzentanz macht oder ob es sich um eine Blütendolde handelt.

Alter: ab 3 Jahren

Die Hälfte der Kinder sind Schmetterlinge, die andere Hälfte sind Blumenelfchen. Die Schmetterlinge laufen im Kreis herum. Die Blumenelfchen warten, bis vor jeder Blumenelfe ein Schmetterling steht. Zu zweit tanzen sie. Endet der Gesang, lösen sich die Schmetterlinge und suchen sich ein neues Blumenkind.

Schmetterling, du kleines Ding
Such dir eine Tänzerin
Juchheirassa, juchheirassa,
Oh, wie lustig tanzt man da:
Lustig, lustig wie der Wind
Wie ein kleines Blumenkind
Lustig, lustig wie der Wind,
Wie ein Blumenkind.

Tanz der Elfen

Alter: ab 4 Jahren
Material: Chiffontücher, pro Kind zwei von einer Farbe
Musik: Elfenreigen Nr. 13

Zwei gleichfarbige Chiffontücher jeweils rechts und links an das Handgelenk knüpfen. Ein Kind ist das Sonnen-Elfchen (gelbe Chiffontücher), ein Kind ist das Silbermond-Elfchen (weiße Chiffontücher). Die anderen Kinder sind Blumen-Elfchen in unterschiedlichsten Farben.

Die Blumen-Elfchen knien im Kreis, die Köpfe auf die Knie gelegt, die Arme ruhen seitlich auf dem Boden.
Das Sonnenelfchen und das Silbermondelfchen ruhen in der Mitte.

Zu Beginn der Musik tanzt das Sonnenelfchen entlang des „Blumenkranzes", die Blumenkinder beginnen sich zu räkeln. Das Sonnenelfchen hilft jedem Blumenkind in die Höhe.
Stehen alle Blumenkinder, fassen sie sich an den Händen und laufen einmal im Kreis herum.
Sie lassen die Hände los und drehen sich einmal um sich selbst.
Das Sonnenelfchen fängt an zu gähnen und legt sich in die Mitte zum Schlafen.
Das Silbermondelfchen erwacht, läuft einmal um den Blumenkreis.
Die Blumenkinder werden müde und legen sich wieder auf die Erde.
Das Silbermondelfchen tanzt noch einmal im Kreis herum und legt sich dann auch wieder schlafen.

Elfenreigen

Nr. 13

Text: S. Steffe
Musik: D. Ferber

1. Tanz mein Blumenelfenkind
Zum Klang der Zaubergeigen
Reich mir deine Hand geschwind
Zum Elfenringelreigen

2. Tanz mein Sonnenelfenkind
Den Elfenringelreigen
Wiege dich im Abendwind
Bis Schatten dich vertreiben

3. Tanz mein Elfchen Silbermond
Unter den Trauerweiden
Wo der König Kobold wohnt
Den Elfenringelreigen

Refrain:

Auf der Wiese licht und grün
Ringel – Ringelreigen
Tanzen Elfen zart und schön
Ringel – Ringelreigen
Wie Blätter, die im Winde wehn
Ringel – Ringelreigen
Rascheln, wirbeln und vergehn
Ringel – Ringelreigen

Das Reich der Baumelfen

Baummeditation

Alter: ab 4 Jahren
Ort: in der Natur an einen Baum gelehnt
Durchführung: siehe Allgemeine Hinweise zu Fantasiereisen (S. 16)

Für diese Meditation suchen sich die Kinder einen dicken Baumstamm, an den sie sich anlehnen können. Die Augen halten sie geschlossen.

„Stellt euch vor, ihr selbst wärt ein Baum. • Eure Füße wären tiefen Wurzeln gleich, euer Körper wäre der Baumstamm, eure Arme wären weit verzweigte Äste und euer Kopf eine wunderschöne Baumkrone mit vielen Blättern. • Atmet tief ein und aus und spürt dabei, wie der Atem durch euren Rücken fließt. • Atmet von euren Füßen durch euren Rumpf bis in eure Fingerspitzen und euren Kopf. • Stellt euch nun vor, dass der Baum genauso atmet. Stellt euch vor, wie das Wasser aus dem Boden durch die feinen Baumfasern fließt bis hoch in die Baumkrone, so wie euer Blut durch eure Adern fließt. So wie ihr durch eure Adern mit allen Nährstoffen, die euer Körper braucht, versorgt werdet, so wird auch der Baum von den Wurzeln an mit allen wichtigen Nährstoffen am Leben erhalten. • Stellt euch vor, mit dem Baum eins zu werden, selbst der Baum zu sein. • Hört in den Baum hinein. Vielleicht könnt ihr dann auch das Wasser in den Baumfasern hören. • Manche Leute sagen, Bäume könnten auch sprechen. • Was könnte euer Baum zu euch sagen? • Wenn ihr euch das überlegt habt, genießt noch einen Augenblick, so am Baum zu lehnen, verabschiedet euch von eurem Baum, löst euch vom Baum und kommt langsam wieder hierher zurück."

Elfenspaziergang unter Bäumen

Ort: lichtes Waldstück

Für diesen Spaziergang ein lichtes Waldstück wählen, damit die Kinder die einzelnen Bäume gut betrachten können. Welchen Wuchs haben die Bäume? Ist er gleichmäßig oder ist ein Baum krumm gewachsen, teilt sich ein Baum in der Mitte? Finden viele Vögel hier Platz, sind am Fuße des Baumes im Stamm kleine Höhlen? Könnte da ein Baumwächter wohnen? Ist der Baum schon sehr alt und geht über in Waldhumus?
Ist der Baum schon gestürzt, ist er vielleicht vom Blitz getroffen worden?

Jedes Kind sucht sich seinen Lieblingsbaum aus.
Wo hat der Baum sein Gesicht?
Wie könnte er kucken?
Was könnten wir an einem Baum spielen?
- Den Baum umarmen.
- Um den Baum tanzen.
- Auf den Baum klettern.
- Auf dem Baumstamm balancieren.

Beim nächsten Spaziergang besuchen die Kinder ihre Lieblingsbäume wieder.

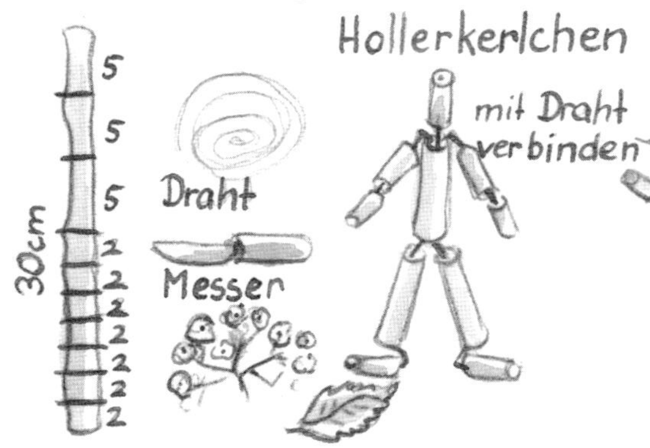

Aus Ästen, Ruten und Rinden

Hollerkerlchen

Alter: ab 5 Jahren
Material: Holunderstecken (ca. 30 cm), Blumendraht, Schnitzmesser

Den Stecken in drei Teile zu 5 cm teilen (Körper und Beine) und in sieben Teile zu ca. 2 cm (4 für Arme, 2 für Füße, 1 für Kopf).
Da das Mark in den Zweigen sehr weich ist, lassen sich leicht Blumendrahtstückchen von jeweils 3 cm Länge hindurchschieben und so die Gliedmaßen miteinander verbinden.
Mit Blüten und Blättern des Holunders „anziehen".

Die Wünschelrute

Die Haselrute wurde in früheren Zeiten als Wünschelrute verwendet, um Wasserquellen aufzuspüren. Das Märchen Aschenputtel erzählt davon, dass das Mädchen vom Vater einen Haselzweig mitgebracht bekommt, den es auf das Grab der Mutter pflanzt. Aus diesem wächst ein schöner Strauch, auf dem ein Vöglein sitzt, das Aschenputtel jeden Wunsch erfüllt.

Alter: ab 5 Jahren
Material: Haselstecken (30 cm lang), Taschenmesser oder Schnitzmesser

Von den Haselstecken lässt sich leicht die Rinde abschälen.
Die Kinder verzieren ihre Wünschelrute mit verschiedenen Mustern: Ringe, Zickzack, Punkte...
Größere ritzen auch die Anfangsbuchstaben ihres Namens ein.

Eich, Birkling, Fichtus und Buchling

Vor langer, langer Zeit waren die Menschen überzeugt davon, dass jeder Baum einen Baumwächter hat. Dieser Baumwächter kümmerte sich um seinen Baum, so wie Eltern sich um ihr Kind kümmern. Diese Baumwächter oder Schutzelfen der Bäume glichen ihren Bäumen sehr in Aussehen und Charakter. Und vor langer, langer Zeit hatten unsere Vorfahren jedem Baum eine besondere Eigenschaft zugeschrieben.

Die Heilkraft der Bäume

Linde: Früher war es üblich, dass im Ortsmittelpunkt eine Linde stand und um die Linde herum eine Sitzbank gezimmert war. In einigen Dörfern ist die Dorflinde heute noch zu sehen. Hier setzen sich die Dorfbewohner abends zusammen, um über ihr Tagewerk zu sprechen und darüber, was früher war und wer zu wem gehört. Das gelang ihnen so gut, weil die Linde als besonders liebevoller, friedliebender Baum galt. Die Blätter der Linde sind auch herzförmig. Ein Lindenblütentee hilft bei Erkältung. Wer einmal unter dem Blätterdach einer Linde gesessen ist, weiß, dass man sich darunter wie unter einem Schutzschild fühlt.

Apfelbaum: Der Apfelbaum galt schon seit jeher als Baum der Liebe und Glückseligkeit. Wer im Frühling auf einer Wiese mit weißblühenden Apfelbäumen geht, kann dieses Glücksgefühl selbst spüren. Den letzten Apfel am Baum soll man immer für das Apfelbaummännchen übrig lassen, damit es im nächsten Jahr wieder eine gute Ernte beschert. Dem Apfelbaum schrieb man schon in den keltischen Mythen die Kraft zu, ewige Jugend zu verleihen. Zu allen Zeiten galt der Apfel als Symbol des Lebens, der Liebe und der Fruchtbarkeit.

Birke: Die Birke wurde in früheren Zeiten als Baum der Weisheit verehrt. Birkenelfen senden bei körperlicher Erkrankung heilende Energie.

Tanne: Tanne, so glaubte man, unterstützt die Verbundenheit mit Natur und Tannenelfen förderten das innere Wachstum.

Buche: Die Buche ist ein ganz besonderer Baum, denn aus ihr wurden in germanischer Zeit Stäbe geschnitzt, die benutzt wurden, um die Zukunft zu bestimmen. Hier hat unser heutiges Wort Buchstabe seinen Ursprung. Buchenelfen, so hieß es, helfen sich abzugrenzen.

Eiche: Die Eiche war allen Völkern heilig. Schon die Griechen vernahmen in ihrem Rauschen die Worte des Gottes Zeus. Den keltischen Priestern war die Mistel, die auf Eichen wuchs, besonders heilig. Eichen, so hieß es, fördern die Entwicklung der Willenskraft. Medizinisch gesehen, wirkt Eichenrinde entzündungshemmend, blutstillend. Und wer sich erschöpft fühlt, sollte unter einer Eiche Platz nehmen, um wieder Kraft zu tanken. Die Eiche wurde als die Herrscherin des Waldes verehrt. Und in allen Kulturen tummelten sich in der Eiche die verschiedensten Naturgeister: Im Rauschen der Blätter vernahm man die Stimmen der Hamadryaden, der Baumelfen. Ihre Gesichter zeichneten sich nur schemenhaft in der faltigen Rinde des Baumes ab. Doch auch Zweige, Blätter und Wurzeln der Eiche galten zumindest in früheren Zeiten als bewohnt.

Baumelfen sichtbar machen

Schauen wir uns beim Spaziergang die Baumstämme der verschiedenen Bäume mal genauer an, entdecken wir am Stamm Astlöcher, die wie Augen aussehen, kleine Aststücke von abgesägten Ästen, die wie Nasen wirken und mit ein bisschen Vorstellungsvermögen können wir uns ein komplettes Gesicht auf dem Stamm „ausmalen".

Alter: ab 6 Jahren
Material: Kreide, evtl. phosphoreszierende Leuchtkreide

Jedes Kind wählt einen Baum. Diesen betrachtet es ganz genau, bis es meint, ein Gesicht im Stamm zu entdecken. Dieses Gesicht betont es mit Kreide. (Dies schadet dem Baum nicht und der Regen wäscht das „Gesicht" mit der Zeit wieder aus.)
Wer eine Nachtwanderung plant, kann tags solche Gesichter mit Leuchtkreide auf die Baumstämme zeichnen und diese nachts kurz mit der Taschenlampe anstrahlen. Die Nachtwanderer staunen dann nicht schlecht, wenn sie die Baumgeister im Wald leuchten sehen...

Die Suche nach Fichtus

Fichtenelfen stärken die Verbindung zum eigenen Körper, so heißt es. Die berühmtesten Geigen wurden aus Fichten gemacht. Ihr Klang verzaubert uns noch heute.

Alter: ab 6 Jahren

Steckbrief: Fichtus, der Baumwächter, entsteht wohl auf folgende Art und Weise: Rehe und Wildschweine schaben sich gerne an Baumstämmen, so ca. 50 cm über dem Waldboden. Dadurch nimmt der Baumstamm irgendwann die Form eines gespitzten Bleistiftes an. Der Baum bricht an der dünnsten Stelle auseinander, was bleibt ist der Baumstumpf. Aber damit nicht genug, immer noch eignet er sich zum Schaben für die Tiere. Da irgendwann dann auch die Wurzel locker und mürbe wird, löst sie sich aus der Erde und verliert durch das Schaben der Tiere die vielen Verästelungen der feinen Wurzelhaare. Wenn nun noch der Zufall oder ein beherzter Spaziergänger den Rest des Baumes auf die Spitze des Baumstammes stellt, mit der ehemaligen Wurzel nach oben, dann kann man Fichtus den Baumwächter sehen! Ich weiß nicht, wie viele Jahre die Prozedur dauert, aber es ist ein Phänomen, das öfters vorkommt.

Wer so einen Fichtus im Wald gefunden hat, kann mit ein wenig Bast von Mais noch Haare und einen Bart machen.

Wer Fichtus nicht findet, der sieht vielleicht einen Birkling: Der Zufall wollte es, dass irgendwann einmal ein Waldarbeiter ein Stück einer Birke absägte. Bei genauerer Betrachtung ist deutlich zu sehen, dass zwei Arme seitlich vom Stamm abgehen ...

Rindenkerlchen

Meist zeigen sich die Rindenkerlchen von hinten mit Mützchen, aber manchmal ist auch schon mal eine kleine Nixe mit blondem wallenden Haar erkennbar.

Alter: ab 6 Jahren
Material: pro Kind ein zerfurchtes Rindenstück (ca. 30 x 40 cm), Plakafarbe, Klarlack, Pinsel, ein Schnitzmesserchen

Jedes Kind nimmt seine Rindenplatte senkrecht vor sich und sieht sie sich zuerst einmal genau an: Wo könnten sich kleine Rindenkerlchen verstecken? Bei genauem Hinsehen entdecken sie bestimmt die kletternden Gesellen.
Wenn sich der Rindenkerl zu sehr versteckt hält, helfen sie mit dem Schnitzmesser etwas nach. Anschließend bemalen sie die Körperteile mit Farbe.

Eichelpfeifchen

Manchmal, so heißt es, lässt sich ein Eichelf blicken, wird er mit einem Eichelpfeifchen gerufen. Das geht folgendermaßen:

Alter: ab 6 Jahren
Material: Deckel einer Eichel

Beide Hände zur Faust ballen und so aneinander halten, dass die Daumen parallel liegen. Das Eicheldeckelchen auf die Seite der Zeigefingerkuppen mit der Öffnung nach oben legen. Die Daumen leicht auf das Deckelchen drücken und durch die Daumenspalte in das Deckelchen pusten.
Wenn man Glück hat, ertönt ein Piff, wenn nicht: weiter üben!

Die Waldelfen der Taiga

Als sich ein riesiges undurchdringliches Waldgebiet noch als Wildnis in einem Gürtel von Sibirien über Skandinavien bis nach Schottland zog, da gab es kaum eine andere Landschaft, die so viele Geheimnisse in sich barg wie die Taiga. Als noch Wolf und Bär, Elch und Reh hier umherstreiften, erzählten sich die Menschen hinter vorgehaltener Hand, dass die sibirischen Waldelfen, die leschij dort herrschten. Nur wenige Menschen hatten einen leschij jemals zu Gesicht bekommen und die Beschreibungen waren sehr widersprüchlich. Er konnte so groß sein wie ein uralter Baum, grün und verworren wie die Reben, die ihn überwucherten, und zerklüftet wie die Borke seines Stammes. Er konnte sich verwandeln in eine Eule oder einen Wolf, oder als ein in Pelz gehüllter uralter Mann in Erscheinung treten. Es hieß, er sei in Wahrheit von menschenähnlicher Gestalt, mit Haaren und Bart so grün wie Efeu und einem langen schmalen Gesicht.

Dieser Waldelf wurde häufiger gehört als gesehen. Er konnte alle Geräusche der Taiga nachahmen – das Ächzen und Heulen des Windes, das Rauschen der Blätter und die Echos zwischen den Baumstämmen. Wer als Mensch zu sehr auf das Flüstern und Murmeln eines Waldelfs achtete, kam leicht von seinem Pfad ab und geriet in Gefahr.

Manchmal ließ sich der Waldelf in einer der einsamen Waldarbeiterhütten nieder, die verstreut im Wald lagen. Suchte ein Wanderer dann Schutz in einer Hütte, die bereits von einem Waldelf bewohnt war, so musste er die Nacht zusammengekauert verbringen und das Heulen und Klappern des aufgebrachten Elfs ertragen, der vor der Tür wütete. Während der Sommermonate waren die Waldelfen zu Späßen aufgelegt, sie versetzten Wegweiser, gaben in Gestalt eines freundlichen Wanderers gutgemeinte Ratschläge, wie Wege abzukürzen waren. Auf diese Weise wurde so mancher Wanderer in die Irre geführt.

Aber das alles ist lange her und mit der Zähmung der Wildnis sind bestimmt auch die leschij zahmer geworden, wenn es sie überhaupt noch gibt. Wenn es sie überhaupt je gegeben hat ...

Selbst Baumelf sein

Baumelfen sind groß gewachsene, schlanke Gestalten. Sie sehen aus, als wären sie gerade wie Schatten aus dem Baumstamm herausgetreten, als seien sie selbst Teil des Baumes. Entsprechend gleicht ihr Äußeres auch dem Baum, den sie schützen. Alles, was sie an Kleidung tragen, ist elbisch grün, selbst ihre Hautfarbe ist ein wenig oliv. Zum Zeichen ihrer Verbundenheit mit dem Baum ranken sich Blätter um ihren Körper. Ihr Gang ist schwebend, lautlos und sie scheinen durch Bäume hindurchgehen zu können. Ihre Verständigung untereinander geschieht ohne viel Worte, weil sie wie Bäume fühlen und weil sie Jahrhunderte altes Wissen hüten.

Elfenohren

Geduld braucht man schon, um sich in einen Baumelf zu verwandeln. Das fängt mit den Ohren an!

Material: Plastici (prof. Theaterschminkbedarf), Wasserschminke, Pinsel

Die Haare an den Seiten nach hinten stecken, damit die Masse nicht mit den Haaren verklebt.
2 cm der Modelliermasse weich kneten und wie einen Zwergenhut über der Daumenspitze formen. (s. Abb.)
Diese dreieckige Spitze auf die Ohrspitze setzen und glatt streichen.
Das ganze Ohr dann grünlich bemalen, damit die Übergänge der Modelliermasse nicht zu sehen ist.

Hinweis: Die Modelliermasse muss bei der Verarbeitung die richtige Konsistenz haben: sie muss einerseits weich genug sein zum Formen, darf aber andererseits nicht so klebrig sein, dass sie sich wieder verformt ...
Aber wenn es klappt, dann sehen die Ohren wirklich echt aus!

Rindenarme und -beine

Material: Wasserschminke, Schminkschwämmchen, Fotos von Baumrinde

Besonders faszinierend wirkt es, wenn Arme und Beine möglichst originalgetreu wie Rindenhaut bemalt sind. Auch hierzu braucht es ein wenig Geduld und Übung.

Elfengewänder

Alle Hosen, Kleider und Blusen, die an Armen und Beinen trompetenförmig ausgestellt sind, passen zu Baumelfen. Am besten kleiden sie die Elfen, wenn sie auch noch grün sind.

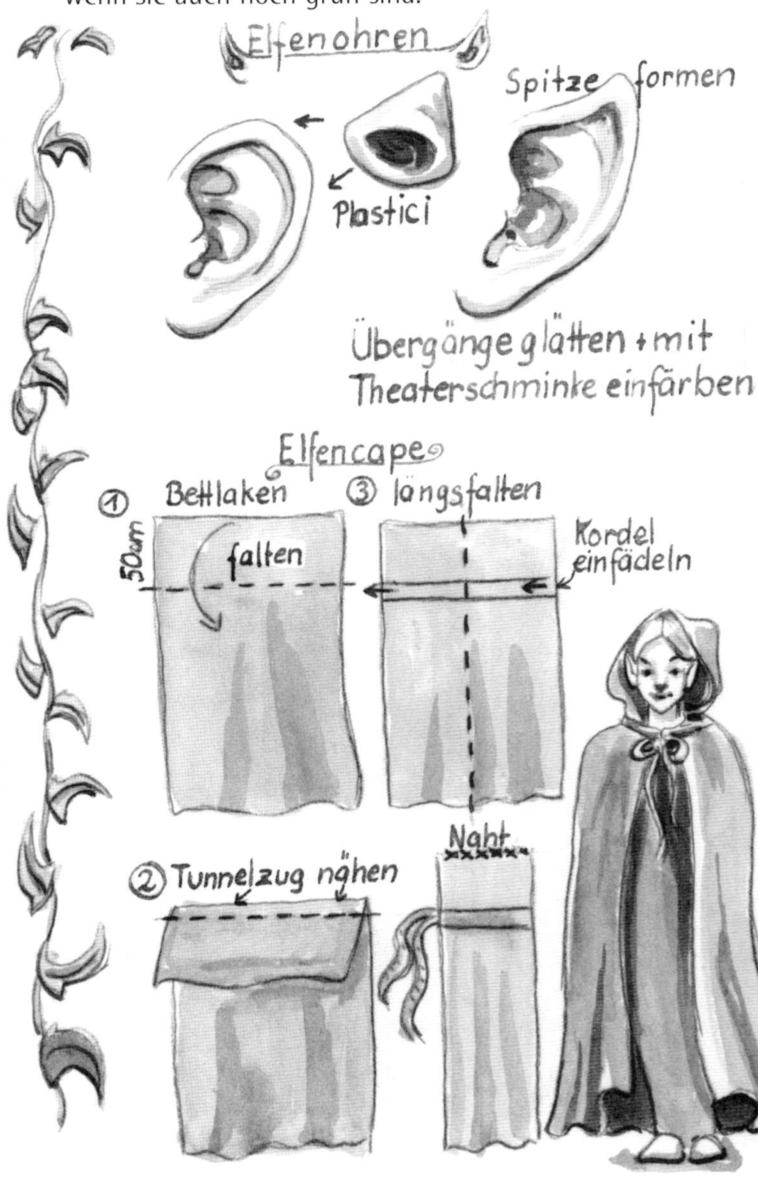

Elfencape

Material: alte Bettlaken (grün eingefärbt), Schere, Nähmaschine, Maßband

Das Bettlaken auf den Boden legen. 50 cm von oben abmessen und einen Strich quer rüber einzeichnen. An dieser Stelle eine Falte umlegen und einen Schlauch mit zwei Nähten abnähen (s. Abb.), hierdurch wird später die Kordel gezogen. Das Bettlaken nun einmal der Höhe nach falten und oben mit einer Naht die Kapuze abnähen. Eine Kordel durch den Schlauch ziehen und fertig ist das Elfencape.

Blätterketten und -kronen

Material: für jeden Baumelf Blätter der gewählten Baumart, Kiefernnadeln

Die Blätter etwa zur Hälfte überlappend aufeinander legen und mit Kiefernnadeln zusammenheften. (s. Abb.)
So können Kronen, Fuß- oder Armreifen entstehen.

Elfenfest im Frühling

Alle Elfen lieben ausschweifende Feste, schöne Musik und nie enden wollende Tänze. Der höchste Feiertag der Elfen ist der 21. Juni, bei uns bekannt als Johannisnacht, Sommersonnenwende oder Mittsommer. An diesem Tag verabschiedet sich der Frühling und der Sommer beginnt. Es ist der längste Tag im Jahr und die Elfen feiern ihr prächtigstes Fest.

Elfenhügel

In allen Legenden wird berichtet, dass Elfen in prächtigen Elfenhügeln ihre Feste feiern, dabei sollen Grashügel auf Säulen schweben.

Material: bunte Kreppbänder, bunte Lichterketten, Gartenlampions

Das Elfenfest wird draußen gefeiert.
Zwar können wir keine Grashügel schweben lassen, aber wir dekorieren den Festplatz, als sei im Freien ein Ballsaal.
In die Zweige der Bäume die bunten Kreppbänder binden und dazwischen bunte Lichterketten anbringen.
Zwischen den Bäumen die Gartenlampions aufhängen.

Blumenkränze als Festtagsschmuck

Das wichtigste Kraut zum Elfenfest ist das Johanniskraut. Ihm wird eine große Heilkraft zugeschrieben und es ist ein echtes Sonnenkind. Es wirkt auf den Körper und die Seele ausgleichend und harmonisierend.

Alter: ab 4 Jahren (mit Hilfe)
Material: Johanniskraut und alle Wiesenblumen, die sich finden lassen, fester Blumendraht, dünnerer Blumendraht

Aus dem festeren Biegedraht einen Kreis entsprechend der jeweiligen Kopfgröße der Kinder formen. Das Johanniskraut mit dem dünneren Blumendraht zu Sträußchen binden und an dem Drahtkreis rundherum befestigen.
Die Wiesenblumen in kleinen bunten Sträußchen dazwischen binden.

Elfenspeise

Elfen brauchen bekanntlich nicht viel Nahrung. Überliefert ist, dass sie zu Festen ein wohlschmeckendes Brot aus weißem Mehl mit frischen Kräutern verzehren. Je näher sie sich bei Menschen aufhalten, desto eher vertragen sie auch festere Kost.

Elfenbrot

Zutaten: 1 kg Mehl, 1 Würfel Hefe, 2 Tassen warmes Wasser, etwas Olivenöl, Salz, frische Kräuter (Thymian, Rosmarin, Oregano)

Die Hefe in etwas Wasser auflösen, etwas Mehl darunter rühren und 1/2 Stunde ruhen lassen.
Mit dem restlichen Mehl, Wasser, Salz, Olivenöl und Kräutern kräftig durchkneten und den Teig 2 Stunden abgedeckt ruhen lassen.
Den Teig zu einem runden Brotlaib formen und im Ofen bei 180-200°C backen.

Elfenkuchen

An Mitsommer gibt es Johannisbeerkuchen!

Zutaten: 250 g Mehl, 1 TL Backpulver, etwas Salz, 125 g Butter, 1 Ei, 1 Päckchen Vanillinzucker, 100 g Zucker, 500 g frische Johannisbeeren, 3 Eiweiß, 6 gestr. EL Puderzucker

Die Zutaten von Mehl bis Zucker rasch zusammenkneten. 30 Min. in den Kühlschrank legen.
Die Johannisbeeren zupfen und zuckern.
2/3 des Teiges ausrollen und auf den Boden einer gefetteten und mit Mehl bestäubten Springform legen, mit einer Gabel ein paar Mal einstechen. Mit dem Rest des Teiges den Rand kneten. Den Tortenboden bei 160°C goldgelb backen.
Die Form aus dem Ofen nehmen, die Johannisbeeren darauf geben.
Das Eiweiß mit dem Puderzucker steif schlagen und den Eischnee auf die Beeren geben.
Den Kuchen nochmals bei 180°C in den Ofen geben und den Eischnee leicht bräunen lassen.

Elfentrank

Zutaten: 2/3 gekühlter Pfefferminztee, 1/3 Apfelsaft, evtl. etwas Zucker

Den Pfefferminztee mit dem Apfelsaft mischen und evtl. mit etwas Zucker abschmecken.
Besonders lecker schmeckt der Tee, wenn er mit Eiswürfeln serviert wird.

Elfenfeuer

Elfen sind besonders begeistert, wenn bei einem Fest ein Feuer entfacht wird. Die Feuergeister sind ihnen sehr nah, denn schließlich sind es die Geister der Luft, die die Feuergeister zum Leben erwecken. Das Feuer braucht zum Brennen auch Äste der Baumelfen und wenn es sehr heiß brennen soll, dann braucht es auch Kohlen, die zu den Schätzen der Zwerge zählen. Die Zwerge brauchen wiederum die Feuergeister zum Schmieden ihrer Wunderwaffen. Bei einem Fest bringen die Feuergeister auch das Element Wasser zum Kochen und so hängt alles zusammen. Feuer ist das Element, das alle anderen Elemente verwandeln kann. Und Erde ist das Element, das Feuer wieder beruhigen kann. Feuer allein ist nicht denkbar, doch bei jedem großen Fest sind die Feuergeister Ehrengäste, vorausgesetzt, es finden sich Eingeweihte, die wissend und würdig sind, das Feuer zu hüten ...

Material: Steine, Spaten, Kaminstreichhölzer, Zeitungspapier, Reisig, kleinere Weichholzäste, dicke Hartholzäste

Auf einem freien Wald- oder Wiesenplatz Feuerholz aufschichten. (Vom Forstamt genehmigen lassen, Vorschriften zum Schutz von Feuerstellen beachten!)
Das Sonnwendfeuer diente nach altem Volksglauben dazu, das Böse zu verbrennen und zu verwandeln. Wenn das Feuer hell auflodert, können nach altem Brauch kleine Zettelchen mit Wünschen oder Sorgen beschriftet und ins Feuer geworfen werden. Die Mutigen springen (mit Erlaubnis und unter Aufsicht!) über das kleiner werdende Feuer.

Elfenpfeil

Besonders die Baumelfen lieben den sportlichen Wettkampf, und noch heute heißt es in manchen Gegenden Deutschlands, wenn es einem urplötzlich in die Glieder fährt, man sei von einem Elfenpfeil getroffen worden.

Alter: ab 6 Jahren (mit Hilfe)
Material: Haselstecken oder Hartriegelstecken, Schnitzmesser, Paketschnur, Stroh, Kartoffelsack, Papier, Buntstifte, Klebstoff

An einem Haselbusch oder Hartriegelbusch gerade Stecken mit dem Messer herausschneiden. Die Stecken sollten gleichmäßig dick und elastisch sein. Den Bogen mit der dünnen Paketschnur spannen. Die Pfeile (50 cm lang) vorne anspitzen.
Als Zielscheibe einen Sack mit Stroh stopfen, mit Paketschnur zubinden und an einen Baum hängen. Eine Zielscheibe entwerfen mit einer Wertung von 20-100 Punkten. Und diese an den Sack kleben.
Hinweis: Beim Bogenschießen darauf achten, dass kein Kind in die Schusslinie läuft.

Schatzsuche

Es gibt keinen günstigeren Termin für eine Schatzsuche, als die Johannisnacht. Alten Legenden zufolge ist die Möglichkeit einen Schatz zu finden in dieser Nacht am größten. An Schatzplätzen soll dann schon von weitem ein Lichtschimmer zu sehen sein: Wer hier gräbt, wird fündig werden!

Material: Schatz, Schatzruhe, Schaufel, phosphoreszierende Kreide

Den Schatz bei Tage vergraben. Große, runde Steine darüber legen und mit phosphoreszierender Kreide bemalen.
Bei Nacht den Schatzhügel noch einmal vor Spielbeginn heimlich mit einer Taschenlampe kurz beleuchten, so beginnen die Steine tatsächlich gelbgrün zu schimmern. Gemeinsam geht's ausgerüstet mit einer Schaufel zur Schatzsuche ...

Auf der Insel der ewigen Jugend - bei den Feen

Das Reich der Feen

Obwohl Elfen und Feen sich sehr gleichen, ist eine Fee noch mal etwas anderes. Der Ursprung des Namens „Fee" ist nicht eindeutig. In Spanien und Italien heißt die Fee *fada* oder *fata*. Aus dem Lateinischen bedeutet fatum „Schicksal", und tatsächlich sollen Feen in der Lage sein, das Schicksal von Menschen vorauszusagen und sogar zu lenken.
Feen sind auf jeden Fall unsterblich und darum spricht man beim Feenland vom Land des ewigen Lebens – Tir Nan Og.
Wo dieses Land liegt, ist nicht bekannt. Ob das Feenland unter den irischen Hügeln liegt oder einer von Nebel verhüllten Insel – kein Sterblicher wusste es je. Nur auf Geheiß der Feen selbst lüften sich die Schleier der Unsichtbarkeit.

Das französische Wort fée – das auch in die deutsche Sprache eingegangen ist – lässt sich dagegen auf das lateinische Wort fatare zurückführen, das im Altfranzösischen zu *fèer* wurde und die Bedeutung „verzaubern" hat. Fèer verweist auf die Fähigkeit der Feen, die Welt, wie sie sich den Menschen darstellt, zu verändern, indem sie das menschliche Wahrnehmungsvermögen verzaubern.

Auch das englische Wort *faerie*, bedeutet zum einen die Kunst des Zauberns, darüber hinaus wird es aber auch für die Welt der Feen insgesamt verwendet. Dagegen bezeichnen die englischen Wörter *fairy* und *fay* nur die einzelnen Wesen. Im englischen Sprachraum bildete sich für eine einzelne Fee auch der Begriff elf heraus, der in dieser Bezeichnung als Elf in die deutsche Sprache übernommen wurde. Das zeigt, dass Fee und Elfe abwechselnd gebraucht werden.

Die Gattung der Feen wurde früher nach zwei Gruppen unterschieden – dem Landvolk und dem Adel.
Das Landvolk setzte sich aus lauter einzelnen Feen zusammen, die ursprünglich die ganze Natur beseelt hatten. Ihre Anwesenheit wurde häufig nicht direkt wahrgenommen, sondern durch Anzeichen, die auf ihr Tun hindeuteten.
Ganz anders war es um den Feen-Adel bestellt. Von diesen Wesen hieß es, dass sie Abkömmlinge uralter besiegter Götter seien. Sie verfügten über außerordentliche Kräfte und residierten in unterirdischen Reichen oder jenseits der tiefsten Meere. Bei den Menschen, die sie zu Gesicht bekamen, riefen sie ein heftiges Verlangen hervor, manchmal aber auch eine große Furcht.

In Wales oder Irland wurden die Feengesellschaften in ihren vielfältigen Erscheinungsformen als Einheit betrachtet. In Wales hießen sie *Tylwyth Teg*, die „Feenfamilie", und in Irland *Daoine Side*, „Bewohner der Feenhügel", weil ihre Paläste unter den sanft geschwungenen, grasbewachsenen Hügeln der grünen Insel versteckt liegen sollten.

In irischen Erzählungen und Liedern wird die Geschichte dieser Feen Tausende von Jahren zurückverfolgt. Überlieferungen zufolge war Irland in jenen Tagen von dem Volk der *firbolg* besiedelt. Irgendwann einmal am 1. Mai vertrieb ein mächtiges Feenvolk die firbolg und nahm die grüne Insel ein. Die Iren nannten es „Tuatha Dè Danan", das Volk der Göttin Danu, einer Fruchtbarkeitsgöttin. In alten Schriften werden die Feen beschrieben, sie seien von lieblicher Gestalt und vornehmer Ausstattung und von einem musikalischen Gefühl, be-

gabt wie kein anderer, der je nach Irland kam. Magische Talismane verliehen ihnen erstaunliche Kräfte, ein Speer und ein Schwert, die kein Feind bezwang, und ein großer Kessel voller Nahrung, der niemals leer wurde – alles Symbole, die keltischen Ursprungs sind.
Wie lange ihre Herrschaft währte, weiß niemand. Aber irgendwann wurden sie, trotz ihrer Talismane, Opfer neuer, diesmal sterblicher Invasoren, Vorfahren der Gälen, die von da an die Insel regierten. Die Tuatha suchten Zuflucht in der Unsichtbarkeit. Einige von ihnen gründeten in Irland, Schottland oder Wales neue Reiche im Innern der Hügel oder auf fernen Inseln. Das war die Zeit, als die Tuatha ihren Rückzug antraten und den Namen „daoine sidhe" oder kurz Sidhe erhielten.

Ungeachtet ihrer Andersartigkeit und ihrer voneinander getrennten Welten, die nur durch Wasser, Wald und Flur verbunden waren, fühlten sich Menschen und Feen noch lange zueinander hingezogen und die irischen Legenden kennen viele Geschichten von Menschen und Feen, die eine Weile zusammen lebten.

Die berühmteste aller Feen ist die Fee Morgana, oder auch Morgan le fay. Sie ist Herrscherin der Apfelinsel Avalon, der Insel der ewigen Jugend, die hinter einem Nebelschleier liegt. Es gibt ganz widersprüchliche Geschichten über sie und keiner kann sagen, ob sie nun gut oder böse ist.
Nur eines lässt sich mit Sicherheit sagen: Sie ist die Namensgeberin jener Luftspiegelung in der Wüste, der Fata Morgana.

Fantastische Reise auf die Insel der Glückseligkeit

Durchführung: siehe Allgemeine Hinweise zu Fantasiereisen (S. 16)

„Stellt euch vor, ihr gelangt an einen großen See. • In der Ferne meint ihr eine Insel zu erkennen, aber genau könnt ihr sie nicht sehen, da die Umrisse sehr unscharf und von Nebel umhüllt sind. • Da löst sich aus dem Nebel ein wunderschön geschnitztes Ruderboot. Es gleitet auf den Bootssteg zu, der direkt zu euren Füßen liegt. • Drinnen steht aufrecht eine schöne junge Frau, die von einem weiten Kapuzenmantel umhüllt ist. Sie verbeugt sich vor euch und mit einer Handbewegung lädt sie euch ein, im Boot Platz zu nehmen. • Ihr steigt ein und setzt euch auf den Querbalken in der Mitte des Bootes. Lautlos legt das Boot wieder vom Ufer ab und fährt auf den Nebel zu. • Während ihr so dahingleitet, ist euch, als würde zarte Musik euch begleiten. • Der Nebel wird dichter, eure erhabene Begleiterin steht in Fahrtrichtung mit dem Rücken zu euch. Sie erhebt die Hände und mit einer sanften Bewegung teilt sie die Nebel. Sonnenstrahlen vergolden die vor euch liegende Insel. • Das ist die Insel der Glückseligkeit. Das Boot gleitet auf den feinen Sandstrand und ihr könnt trockenen Fußes das Land betreten. Ein vor euch liegender Pfad steigt leicht an und führt euch auf einen der mildgrünen Hügel. • Von hier aus könnt ihr den ganzen See bis zum Ufer hin überblicken. • Alles ist in goldenes Licht getaucht. Ihr seht auch euer Zuhause und auch das ist erfüllt von diesem Licht. • Sanft und behutsam tritt eine Fee an eure Seite und fragt euch, was ihr euch für euer Zuhause wünscht. Ihr habt einen Herzenswunsch frei. • Was ihr euch von Herzen wünscht, wird in Erfüllung gehen, wenn ihr auch danach handelt. • In Ruhe denkt ihr über euren Herzenswunsch nach. Und wenn ihr euch entschieden habt, dankt ihr der Fee und verabschiedet euch. • Sicher werdet ihr wieder an das Ufer gebracht und tretet jetzt euren Rückweg an, hierher zurück."

Angus und Caer

In den Tagen, als das Feenvolk schon im Innern der Hügel Irlands residierte, wurde ein Prinz jenes Feenvolkes auf sonderbare Weise von Liebe ergriffen. Sein Name war Angus. Und da er ein Sohn des Feenkönigs Dagda war, blieb die Geschichte bis zum heutigen Tage lebendig.

Eines Nachts nahm Angus im Traum das Rascheln von Seide und den Duft von Apfelblüten wahr. Er öffnete die Augen und sah in ein strahlendes Licht, das die Gestalt einer Frau annahm. Die Frau spielte auf einer Laute eine betörende Melodie und sie war so schön, dass Angus das Herz stillzustehen schien. Als die letzten Töne verhallten, löste sich die anmutige Gestalt auf und zurück blieb nur der süße Duft von Apfelblüten.

In den darauf folgenden Nächten erschien Angus diese wunderschöne Frau im Traum immer wieder. So ging es ein ganzes Jahr lang. Der Prinz dachte die ganze Zeit nur an sie und die Sehnsucht ließ ihn immer schwächer und blasser werden. Ja, schließlich drohte Angus zugrunde zu gehen an dem Verlangen, das die Iren „Liebe aus der Ferne" nennen.

Als Dagda von den Qualen seines Sohnes erfuhr, ließ er in ganz Irland nach der schönen Frau suchen. Monatelang durchkämmten die Heerscharen der Thuatha die entlegensten Gebiete der Insel, bis sie zu guter Letzt an einen See kamen. Auf diesem glitt eine Schar Schwäne dahin, die aussahen wie Feen in flatternden Gewändern, so weiß wie Apfelblüten.

Als Prinz Angus davon hörte, eilte er, begleitet von seinem Vater, sofort zu diesem See. Und wirklich, in der Ferne glaubte er in einem der Schwäne seine Angebetete erkannt zu haben. Dagda, der Vater von Angus, erklärte ihm, dass das Caer, die Tochter des Königs Ethal des Feenvolkes von Connacht, sein musste. Denn Caer lebte zusammen mit ihren Freundinnen ein Jahr in Gestalt einer Jungfrau und im nächsten Jahr in Gestalt eines Schwanes.
Angus ritt zum König Ethal und hielt um die Hand seiner Tochter an. Doch dieser schüttelte den Kopf und sagte ihm, dass er nicht über sie bestimmen könne, weil sie viel mächtiger sei als er. Angus müsse sie schon selbst fragen.

Also ritt Angus bei Vollmond ein zweites Mal an den See. Tatsächlich kam Caer in Gestalt eines Schwanes auf ihn zugeschwommen und fragte, was sein Anliegen sei. Angus gestand Caer seine Liebe und Sehnsucht. Caer war gerührt von der Liebeserklärung und erhörte ihn, doch musste Angus ihr versprechen, dass sie jederzeit wieder zu ihren Freundinnen zurückkehren könne.
Da verwandelte sich Angus aus Liebe zu Caer in einen Schwan. Von da an blieb Caer für immer bei Angus; bisweilen nahmen beide menschliche Gestalt an, bisweilen flogen sie wild und frei als Schwäne.

Die Heilkraft der guten Wünsche

Während die Elementarwesen durch Steine, Blumen, Bäume und Wasser verkörpert werden, sind die Feen nicht an eine Erscheinungsform gebunden. Sie sind so feinstofflich, dass sie nur in Gedanken und Worten leben. Ganz sensible Menschen sagen darum, dass auch die Worte und Gedanken, einmal gedacht, einmal ausgesprochen, nicht einfach aus der Welt sind, sondern auch ihre Spuren im Himmelsbaustoff, im Äther, hinterlassen. So landen auch die gedachten, geheimen Wünsche und die ausgesprochenen Wünsche für andere bei einer guten Fee, wenn sie nur mit dem Herzen gewünscht werden. Die Fee gibt sich dann ordentlich Mühe, dass der gute Wunsch auch in Erfüllung geht.
Am meisten strengen sie sich bei Geburtstagswünschen an, denn Geburtstage sind ihr Spezialgebiet.

Feenfest zum Jahrestag

Es sind nur ganz besondere Momente im Leben, an denen wir einer Fee begegnen können. Meist wünschen sich diesen Moment Mädchen im Alter von vier oder fünf Jahren. Und in diesem Alter scheinen die Mädchen tatsächlich wie verzaubert, denn die ganze Welt um sie herum ist rosa. Darum ist das Feenfest den Geburtstagen von Mädchen in diesem Alter gewidmet. (Jungens in diesem Alter finden sicher bei den Zwergen, Trollen, Wassermännern ... mehr Ideen für ihre Geburtstagsfeier!)
Zwar haben in späteren Jahren die Feen auch noch die Finger im Schicksalsspiel, aber sie bleiben dann eher unerkannt hinter dem Schleier der Unsichtbarkeit verborgen. Jungs, die zu solch einem Fest eingeladen sind, nehmen es, ihrem Alter entsprechend, ritterlich hin. Vielleicht möchten sie ja als Prinz ein Dornröschen wach küssen ... oder lieber als Puck (s. u.) ihr Unwesen treiben – zumindest aber haben sie auch einen Wunsch frei ...

Dornröschenschloss

Material: viele zarte Schleier, Rosen oder Rosengirlanden (s. S. 88), Rosenduft (Duft-Öl Rose oder Rosengeranie)

Da ein Feenschloss von Nebelschleiern umhüllt ist, verwenden wir für die Raumdekoration viele hauchzarte Schleier.

In alten Legenden heißt es, dass ein Hügel, auf dem ein Rosenstrauch wächst, bestimmt ein Feenhügel ist. Also nehmen wir zur Dekoration echte Rosen oder basteln welche aus Krepppapier.
Unterstrichen wird die Atmosphäre im Raum durch etwas Rosen-Öl (oder alternativ mit dem Duft der Rosengeranie).

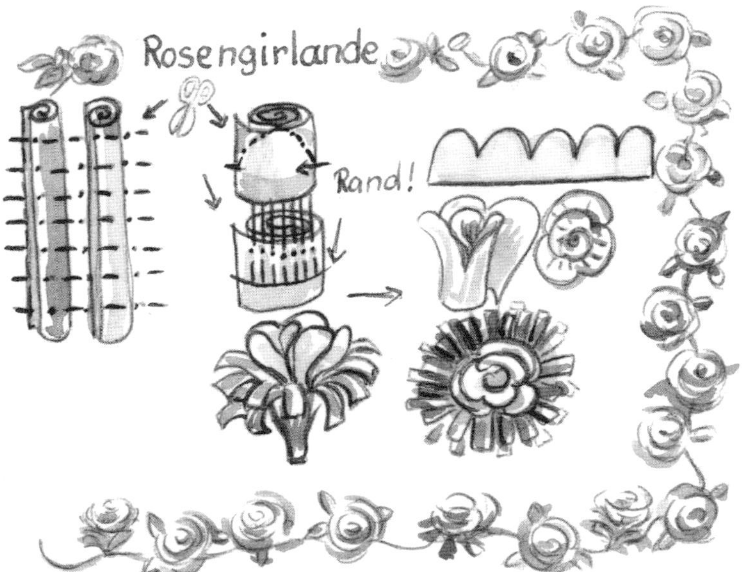

Rosengirlande

Material: Krepppapier (1 x rosa, 1 x grün), Schere, Blumendraht, Schnur

Die rosa Krepppapierrolle in 5 cm breite Streifen schneiden. Auf diesen Streifen die Rundung eines Rosenblattes ausschneiden.
Das grüne Papier ebenfalls in 5 cm breite Streifen schneiden und 2/3 der Höhe senkrecht 1 cm breite Streifen einschneiden. (s. Abb.)
Nun abwechselnd vom rosa Streifen fünf Blütenblätter abrollen, zu einer Rosenblüte formen und mit einem grünen 5 cm langen Papierstreifen umwickeln.
Die fertigen Rosenblüten mit etwas Blumendraht umwickeln und an die Paketschnur zur Girlande binden.

Selbst eine Fee sein

Feenkleid

Material: Kleid, Chiffontücher

Das allerschönste Kleid mit hauchzarten Tüchern zum Feenkleid herausputzen.

Feenhut

Material: Fotokarton (70 x 35 cm), Tüll, Schere, Glanzseide, Klebstoff

Auf einen Fotokarton einen Halbkreis von 70 cm Durchmesser aufzeichnen, ausschneiden und so zusammenkleben, dass in der Spitze des Hutes ein Stückchen Tüll steckt und der Hutrand dem Kopfumfang der Fee entspricht.
Mit Motiven aus Glanzseide schmücken.

Feenglöckchen

Material: kleine Messingglöckchen, Baumwollgarn

Feen erkennt man am Klang. Glöckchen ins Haar binden oder um das Fußgelenk wickeln.

Feenglitzer

Material: Wimperntusche, Lippenstift und Glitter (prof. Theaterschminke, Faschingsbedarf)

Feen sind schön geschminkt: die Augen ein wenig betont, die Wangen sind rosig. Aber das Hauptmerkmal ist ein wenig Feenglitzer auf den Wangen!

Feenstab

Material: Stecken, Holografiefolie, Messer, Bleistift, Schere

Eine Sternenschablone fertigen. Diese auf die Holografiefolie legen, umranden und ausschneiden. Zwei Sterne zusammenkleben, damit beide Seiten des Sternes glitzern.
Den Stecken mit dem Messer 1 cm einritzen. Den Glitzerstern hineinstecken.

Die Feentafel

Die Feentafel mit einer rosa Tischdecke schmücken und mit Rosenblättern bestreuen.
Feen ernähren sich von Rosentau. Zu Festen nehmen sie auch mal Tee von Rosenblüten oder den Früchten der Rose zu sich. Der Apfelbaum gilt übrigens auch als Rosengewächs, ein Grund, warum sich so viele Feen unterm Apfelbaum einfinden. Die Feeninsel Avalon trägt auch den Namen Apfelinsel.

Hagebuttentee

Den Hagebuttentee, je nach Jahreszeit und Geschmack, heiß oder gut gekühlt mit Eiswürfeln servieren.

Apfelkuchen „Avalon"

Zutaten: Rührteig (s. S. 36), 6-8 Äpfel, etwas ausgelassene Butter, Puderzucker

Den Rührteig zubereiten und in die gefettete Springform (Ø 25 cm) geben.
Die Äpfel schälen, halbieren und entkernen.
Die Apfelhälften fächerartig einschneiden und mit der Wölbung nach oben auf den Teig setzen und mit etwas ausgelassener Butter bepinseln. Bei mittlerer Hitze 1 Stunde backen.
Den Kuchen nach dem Erkalten mit Puderzucker bestreuen.

Feengeschenk

Material: einen Rosenquarzstein pro Fee, getrocknete Rosenblätter, evtl. Rosenöl, rosa Tüll, Unterteller, Bleistift, Schere, Glitzerbändchen

Den Unterteller auf den Tüll legen, mit Bleistift umranden und den Kreis ausschneiden.
Rosenquarzstein und Rosenblätter in die Mitte legen, evtl. mit Rosenöl beträufeln.
Das Beutelchen mit Glitzerband verschnüren.

Die Glückssträhne

Drei Schicksalsfeen begleiten unser Leben.
Sie bestimmen über Werden, Sein und Vergehen, so heißt es.

Alter: ab 4 Jahren
Material: 3 Baumwollfäden in verschiedenen Farben

Die Kinder flechten einen Zopf und wünschen sich dabei einen Herzenswunsch. So wird der Wunsch ins Bändchen mit hineinverwoben und geht vielleicht in Erfüllung.

Puck

Puck ist der Kobold im Feenreich, bekannt auch als Robin Good Fellow. Er ist ein gewitzter Kerl und immer zu Späßen aufgelegt. Seine Lieblingsbeschäftigung ist es, sich über die Torheiten der Menschen lustig zu machen. So lässt er mit größter Freude eingebildete Schwätzer von Stühlen purzeln und zwickte zumindest in früheren Zeiten faulen Dienstmägden gerne mal leidenschaftlich in den Po.
Es heißt, dass sein Flötenspiel die Menschen tanzen ließ, als seien sie Zirkusbären.

Alter: ab 4 Jahren
Material: keines

Gespielt wird im Dunkeln. Ein vorher bestimmtes Kind ist der Puck. Er darf die anderen nach Herzenslust in den Po kneifen. Aber wehe, er wird erwischt, dann ruft der Fänger laut „Licht an!" Das Licht wird angeknipst und alle kitzeln den gefangenen Puck durch. Reuig übergibt dieser seine Rolle dem Fänger ...

An Quellen, Bächen, Flüssen und Seen - bei Nixen, Meerjungfrauen und Wassermännern

Des Menschen Seele gleicht dem Wasser:
Vom Himmel kommt es,
zum Himmel steigt es,
und wieder nieder zur Erde muss es,
ewig wechselnd.

(J. W. von Goethe)

Das Reich der Wassergeister

Nixen, Meerjungfrauen und Wassermänner sind im feuchten Reich des Wasser in ihrem Element und halten sich nur in Gewässern der unberührten Natur auf. Aus diesem Grund sind sie den Menschen nicht so vertraut wie Erd- und Luftgeister, auch können sie Wassergeistern nur außerhalb des Wassers begegnen.
In allen Legenden werden die weiblichen Wasserwesen als anmutige und schöne Gestalten mit wundervollen meergrünen oder wasserblauen Augen beschrieben. Ihr Oberkörper ragt in Frauengestalt aus dem Wasser, umrahmt von langen gelockten Haaren, die sie gerne lange und ausdauernd kämmen. Unterhalb der Wasseroberfläche bewegen sie sich mit einem geschuppten Fischschwanz fort. Wenn sie Gewänder tragen, dann meist grüne oder blaue, wie aus Algen oder Wasser gemacht.

Der Wassermann kommt bei der äußeren Beschreibung in aller Regel nicht so gut weg. Von grüner Gesichtsfarbe mit langen, zottigen, grünen Haaren, einem krausen Bart, kleinen Schweinsäuglein, roter Säufernase und tollpatschigen Flossenfüßen. Ge-

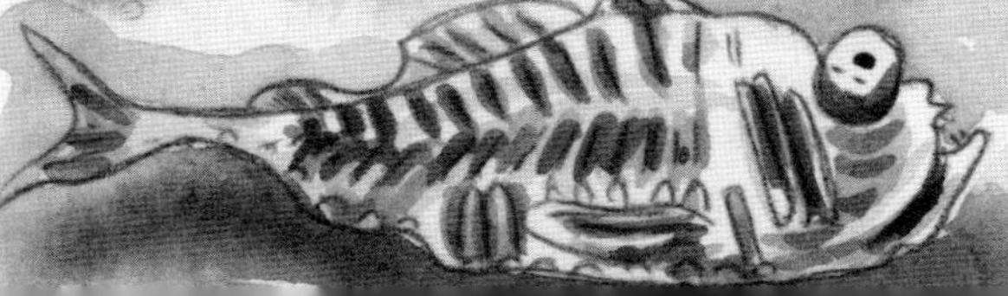

hüllt in Binsengewänder, um seine Fischschuppen zu verstecken, ist er leicht zu erkennen, weil aus seinen Taschen immer ein bisschen Wasser tropft. Allerdings sollen Wassermänner gutmütig und gesellig sein. Sie suchen die Freundschaft der Menschen. Sie sind leidenschaftliche Tänzer, spielen meisterhaft Geige und Harfe und singen gerne. Wassermänner können sich in Fische verwandeln. Süßwassergeister sind im Allgemeinen jünger und hübscher anzusehen. Ihr Haar ist blond und lockig.

Besonders betörend soll der Gesang der weiblichen Wassergeister sein. Ihre einzige Aufgabe ist dabei, durch den lieblichen Klang ihrer Stimme die Schönheit der Natur zu besingen. Mancher Schiffer soll durch ihren Gesang schon in die Irre geleitet worden sein und sein Schiff zerschellte an Felsenklippen. Auch wenn sie sich Sterblichen gegenüber sehr scheu verhalten, werden den weiblichen Wassergeistern viele Liebesaffären nachgesagt. Nixen lieben es, die Menschen zu necken, mit den Männern zu flirten und gelegentlich eine Freundschaft einzugehen, die aber nie von Dauer sein kann. Hilfreich sollen sie sein und stets freundlich – solange man ihnen selbst höflich und respektvoll begegnet. Zuweilen lieben sie es auch, das Wasser zu verlassen und tanzen zu gehen. Zu erkennen sind sie dann an ihrem feuchten Kleidersaum.

Wassergeister werden nach dem Gebiet, in dem sie leben, benannt: Die Najaden sind Quellnymphen mit besonders musikalischen Fähigkeiten, Nereiden sind Mittelmeernymphen, die auf dem Meeresgrund leben. Es gibt derer 50. Sie sind die Töchter von Nereus, dem alten Meeresgreis aus der griechischen Mythologie. Um sich fortzubewegen, reiten sie auf den Geschöpfen des Meeres. Auch die Ozeannymphen sind den Menschen in der Regel wohlgesonnen. Die antiken Griechen verehrten den Gott Okeanos, den Elementargeist des Wassers. Er war der älteste Sohn von Gaia, der Erdgöttin der Antike.

Um die Shetlandinseln leben die Selkies. Das sind Wasserwesen, die im Meer die Gestalt von Seehunden annehmen. Sie können aber auch an Land gehen, ihr Seehundfell ablegen und Menschengestalt annehmen. Gelingt es einem Mann, ein solches Seehundsfell an sich zu nehmen, muss die Selkie seine Frau werden. Findet sie allerdings ihre Haut wieder, verschwindet sie sogleich im Meer.

Die Wassergeister werden in allen Kulturen häufig beschrieben und tauchen in unterschiedlichsten Namen auf. Wir kennen Nixen, Undinen, Meerjungfrauen und Wassermänner. Meermänner und Nöcke wohnen im Meer. Wassermänner in Flüssen und Seen, manche unter Wasserfällen.

Die Wassergeister wirken vor allem in unseren Gefühlen. Beim Anblick eines sprudelnden Bergbaches empfinden wir Lebensfreude und angesichts eines Sees verstärkt sich innere Ruhe und Harmonie. Wir fühlen uns wohl in der warmen Badewanne, wir genießen den festen Wasserstrahl der Dusche, wir freuen uns über den Sprung ins kühle Schwimmbecken an einem heißen Sommertag. Wir ziehen den Kopf ein, wenn der Novemberregen uns ohne Schirm erwischt. Wir strecken die Zunge raus, um die ersten Schneeflocken zu testen. Die Hände schmerzen vor Kälte nach der Schneeballschlacht.

Jeder Mensch spürt die Kraft, die vom Ozean ausgeht, der zwei Drittel unseres Planeten bedeckt. Viele Menschen fahren im Urlaub ans Meer, weil sie intuitiv spüren, welche Lebensenergie vom Ozean ausgeht. Das Element Wasser bedeutet Veränderung, Flexibilität, Lebensfreude, Emotionalität, Intuition und Befreiung von negativen Kräften.

Seit jeher ist die Heilkraft des Wassers bekannt. Dabei ging es nicht nur um die körperliche, sondern hauptsächlich um die seelische Gesundheit. Von jeher hatte das Wasser auch eine religiöse Bedeutung. Sei es zu rituellen Waschungen vor dem Gebet bei Muslimen, zur Taufe bei den Christen oder das Bad im heiligen Fluss Ganges bei den Indern.

Fantastische Reise zur Quellkönigin Selinde

Durchführung: siehe Allgemeine Hinweise zu Fantasiereisen (S. 16)

„Stellt euch vor, tief im Wald gibt es einen Ort, der schon ewig da ist. Hier dringt Wasser aus der Tiefe der Felsen an die Erdoberfläche. • Reines, klares Quellwasser. Die Quelle liegt im dunklen Grün, der Stein der Quelleinfassung ist mit Moos bewachsen. • Der Platz um die Quelle ist kühl, grün, feucht. Ihr hört das tiefe Gluckern der Quelle im Fels. • Ihr streckt die Hand aus und lasst das kühle, frische Wasser über eure Hände laufen. • Ihr kostet das frische, gute Wasser. Ihr benetzt die Augen damit. • Ihr tretet einen Schritt zurück und betrachtet die Quelle und die sie umgebenden Steine noch einmal genauer. • Stellt euch vor, wie ein Mädchen in einem grünen, fließenden Gewand auf einem Stein neben der Quelle sitzt. Sie ist die Hüterin der Quelle. • Die Quellkönigin Selinde. Sie trägt ein langes grünes Gewand, das am Saum dunkler grün ist, als hätte es vom Brunnen etwas Wasser gezogen. • Sie freut sich, wenn Vorbeikommende das frische Wasser genießen. • Sie löscht damit den Durst der Wanderer, sie sorgt für einen kühlen Kopf und sie gibt wieder frische Kraft zum Weitergehen. • Sie reicht uns einen Krug mit Quellwasser. • Sie sagt uns, dass auch das Wasser, wie die Steine und Pflanzen, eine ganz besondere Heilkraft habe. • Wir bedanken uns für das frische Wasser und kehren langsam wieder hierher zurück."

Quellwanderung

Als Vorbereitung recherchiert die Gruppenleitung, wo es eine geeignete Quelle gibt, die zu Fuß erreichbar ist.

Material: pro Kind eine Wasserflasche, kleine Trichter, evtl. Marmeladenglas

Die Gruppe wandert an den Ort der Quelle und die Gruppenleitung erzählt von den Naturgeistern des Wassers (s. o.).
Die Quellwanderer beschreiben dann, was der Unterschied ist zwischen Wasser aus dem Wasserhahn und Wasser aus der Quelle.
Jeder probiert das Wasser. Mit dem Trichter füllen sich alle Wanderer Quellwasser in die Flaschen.
Auf dem Rückweg suchen die Kinder kleine Wiesenkräuter, die am Waldrand stehen, heben sie vorsichtig mit der Wurzel heraus und setzen sie mit Erde in ein Marmeladenglas – für ein Nixenwasserplätzchen zu Hause.

Wasserreiche für zu Hause

Quellwasserflasche

WasserkennerInnen sagen, dass sich Wasser am besten in einer blauen Flasche frisch hält.

Alter: ab 4 Jahren
Material: schöne Glasflasche, blaue und grüne Glasmalfarbe, Pinsel, Glitzersteine, Klebstoff

Jedes Kind bemalt seine Glasflasche in Blau- und Grüntönen. Nach dem Trocknen kann sie noch mit Glitzersteinen verziert werden.
In diese schöne Flasche kann das von der Quellwanderung (s. o.) mitgebrachte frische Quellwasser umgefüllt werden.

Nixenwasserplätzchen

Alter: ab 4 Jahren
Material: 1 größerer und 1 kleinerer Blumentopfuntersetzer (oder andere geeignete flache Schalen), Wasser (Leitungswasser oder Quellwasser),

Naturmaterialien, etwas Erde und Moos, Sand oder Kies, evtl. kleine Pflanzen, etwas Gras, „Belebungsmaterial" (kleine Gummitiere, Murmeln, Muscheln, Steine ...)

Den größeren Blumentopfuntersetzer mit etwas Erde und Moos, Sand oder Kies füllen. In der Mitte eine Mulde für die kleinere Schale lassen.
Kleine Pflanzen können das Nixenplätzchen schmücken.
Die kleinere Schale in die Mulde stellen und mit Wasser füllen.
Eine glitzernde Murmel in das Wasser legen, eine Blüte auf dem Wasser schwimmen lassen. Das verzaubert den Nixenplatz.
Kleine Gummi-Wassertiere bevölkern den kleinen See. Wer einen kleinen Frosch hat, kann diesen als Froschkönig ins Wasser setzen, ein Schwänchen könnte eine verzauberte Fee sein und ein kleiner Plastikgoldfisch könnte zum Zeichen seiner Wassermannehre eine kleine goldene Krone aus Goldpapier tragen ...

Asrei, die kleine Wassernixe

Nixen sind sehr flüchtige Wesen, höchstens für einen Augenblick zu sehen, so als wäre es eine Sinnestäuschung. Darum ist es auch überaus schwer, so kleine Wasserwesen überhaupt sichtbar zu machen.

Alter: ab 4 Jahren
Material: Geschenkband (meergrün oder türkis) aus Stoff (75 cm x 3 cm), Muschel mit Loch, Styroporkugel (3-5 cm Durchmesser), Glitzergeschenkband (50 cm), Nadel und Faden, wasserfester Filzstift

Für den Fischschwanz 50 cm des grünen Geschenkbandes abschneiden, einmal aufeinander legen und am offenen Ende einmal verknoten. (s. Abb.)
Die Enden zur Flosse auseinanderziehen. Die restlichen 25 cm Geschenkband mittig als Arme der Nixe oben in der Schlaufe einmal verknoten.
Auf die Styroporkugel mit dem Filzstift ein Gesicht malen. Für das Nixenhaar das Glitzerband mehrfach um den Handrücken wickeln und an der unteren Kante aufschneiden. Mit einer großen Sticknadel und Faden mit zwei Stichen durch die Styroporkugel das „Nixenhaar" mittig auf dem „Kopf" befestigen. In der gleichen Weise den „Nixenkörper" am unteren Teil des Kopfes anbringen.
Damit die kleine Nixe im Wasser mehr Stabilität bekommt, durch das Loch der Muschel einen Faden fädeln und an die Fischflosse nähen.

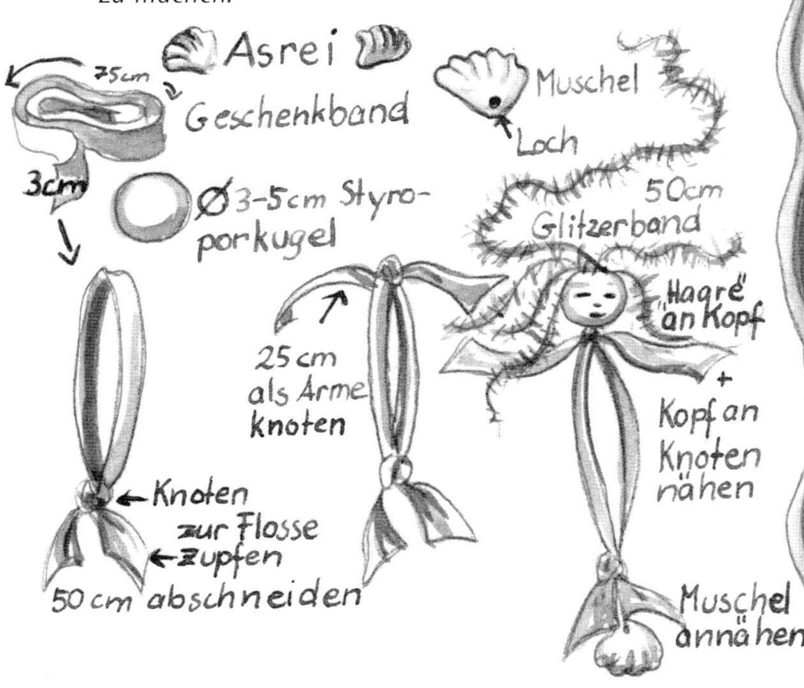

Unterwasserreich für Asrei

Asrei liebt es, im Badewannenwasser ein wenig rumzustehen oder im Einmachglas ein eigenes Unterwasserreich zu hüten.

Material: hohes Weck-Glas (ca. 30 cm), Flusskiesel, Sand, Muscheln, Murmeln, billige Tandketten ...

Die Kinder füllen das Glas mit Wasser und gestalten das Unterwasserreich nach Belieben.
Gehütet wird das Unterwasserreich von Asrei oder stellvertretend von einer Gummiente oder was immer sich Brauchbares dafür im Haushalt findet.

Asrei's Marionettentheater „Die muntere Forelle"

Material: Wassernixe Asrei (Herstellung siehe oben) und Tanzpartner (gleiche Herstellung), Nylonfaden, 2 Stöckchen (ca. 30 cm), Badewanne oder ähnlich tiefes Wasserbecken, „Wassermusik"

An die „Hände" der beiden Spielfiguren jeweils gleichlange Nylonfäden binden.
Die Fäden einer Figur jeweils rechts und links an ein Stöckchen binden und schon ist die Marionette fertig für das Wasserballett.
Indem jeweils eine Schnur gezogen wird, können die Nixen anmutig durch das Wasser gleiten. Bei Schnurwechsel erfolgt auch Richtungswechsel.

Die Heilkraft des Wassers

Früher hieß es, wer an Ostern frisches Quellwasser schöpft und ohne zu sprechen dieses nach Hause trägt, dem wird ein Wunsch erfüllt. Wer weiß ...

Vom ewigen Kreislauf des Wassers wissen wir auf jeden Fall, dass das Wasser Himmel und Erde verbindet: Es verdunstet, lässt alle Inhaltsstoffe im Meer oder in der Erde, steigt wieder in die Höhe und ist hier der Einstrahlung aus dem Kosmos ausgesetzt. Als Regen kommt es wieder zur Erde. Dort wird es beim Versickern mit mineralischen Stoffen angereichert und wird so zum Träger ganz bestimmter Heilelemente. Nun gibt es Wasserkundler, die herausgefunden haben, dass Wasser ein sehr guter Träger von Informationen ist. Masaro Emotu, ein japanischer Forscher, hat festgestellt, dass unterschiedliches Wasser auch unterschiedliche Eiskristalle ausbildet. Er glaubt, dass selbst Worte und Schriften die kristalline Struktur des Wassers beeinflussen können.

Der Wassergeist

Es gibt ganz verschiedene Wassergeister. In Schottland gibt es zum Beispiel den Shellycoat, ein Wassergespenst, das mit Muscheln behängt ist, die leise klappern, wenn es sich bewegt. Es hat Spaß daran, Wanderer zu erschrecken und in die Irre zu leiten.

Material: Schlauchverband (für Oberschenkel, Kopf oder Rumpf, aus der Apotheke), Mullbinden, Luftballon, schwarzes Moosgummi, Schere, Nadel, Faden, kleine Steinchen und Muscheln

Aus Moosgummi die Gespensteraugen und ein breites Gespenstermaul ausschneiden und mittig auf den Schlauchverband nähen.
Den Luftballon aufblasen und verknoten.
Den Schlauchverband darüber ziehen und oben und unten verknoten.

Die Mullbinden entrollen, in unterschiedlichen Längen abschneiden und an den „Gespensterkopf" binden.
In die Enden der Mullbinden kleine Steinchen knoten.
Wenn vorhanden, Muscheln an Fäden binden und diese auch am „Kopf" befestigen.

Nun kann das Wassergespenst eine Zinkwanne, das Planschbecken, das Schwimmbad, die Badewanne, aber auch einen stillen See, das offene Meer oder einen Bachlauf „bevölkern". Aber nicht vergessen, das Wassergespenst mit einem Nylonfaden an einer Baumwurzel oder Ähnlichem zu fixieren, damit es nicht gleich wegschwimmt!

„Zauberwasser" selbst gemacht

Material: Quellwasser, Mineralien (s. S. 27, z. B. Bergkristall, Rosenquarz), Schale oder kleine Fläschchen zum Befüllen

Wenn wir davon ausgehen, dass die Mineralien eine bestimmte Wirkung haben, dann können wir die Steine natürlich auch in Wasser legen und davon ausgehen, dass sich die Wirkung auf das Wasser überträgt.

Beispiele:
Da **Bergkristall** in allen Kulturen als Heil- und Zauberstein galt, ist er der beste Stein für Zauberwasser. Den Bergkristall einige Stunden in das Wasser legen. Die Wirkung wird angeblich verstärkt, wenn das Wasser im Sonnenlicht steht.

Da **Rosenquarz** für alle Herzensangelegenheiten dienlich ist, könnte er ja auch, ins Wasser übertragen, als „Liebeswasser" dienlich sein ...

„Blütenwasser"

Nicht nur die Steine des Zwergenreiches sollen ihre Kräfte auf Wasser übertragen können, auch die Blüten des Elfenreiches sollen im Wasser ihre Wirkung entfalten können. Und wir kennen dies ja von der Zubereitung von Heiltees.

Material: Quellwasser, Blüten, denen eine bestimmte Heilwirkung nachgesagt wird

Die Blüten in das Wasser geben und einige Stunden im Sonnenlicht stehen lassen.

Geistvolle Wassermusik

So wie sich die Wirkung der Steine und die Wirkung von Blumen und Kräutern auf das Wasser übertragen können, überträgt das Wasser auch Töne und macht selbst die unterschiedlichste Musik. Von weitem schon können wir einen Bach gluckern hören. Mit Donnergewalt rauscht der Wasserfall. Ein plötzlicher Sommerregen prasselt heftig auf's Dach und gegen die Fensterscheiben. Herrlich platschen Füße in Pfützen. Das immerwährende Rauschen der Meeresbrandung begleitet uns bis in die Träume. Und lautlos fällt schließlich der Schnee wie Watteböllchen vom Himmel. Kein Wunder, dass die in ihm lebenden Geisterchen so musikalisch sind. Die Stimmen der Quellnymphen gleichen dem Gesäusel des Wassers und dem Geräusch des Windes, der über die Wasseroberfläche weht. Mit Donnergewalt spricht der Wassermann des Wasserfalls ...

Wasserklänge

Material: verschiedene Wannen, Trichter, Gläser, Strohhalme, Flaschen, Gummihandschuhe, verschiedene Unterlagen (Kuchenbleche, Schalen etc.)

Die Wassermusikband erfreut den Geist des Wassers mit experimenteller Wassermusik. Was kann sie alles machen? Wie hört es sich an?

❍ **Der alte Nöck steigt aus dem Fluss**
Mit den Händen in großen Wasserwannen oder gefüllten Putzeimern wedeln.

❍ **Wasserharfe**
Gläser unterschiedlich hoch mit Wasser befüllen. Mit dem Zeigefinger ins Glas tippen und mit dem feuchten Finger den Glasrand entlang streichen.

❍ **Der Gesang der Sirenen**
Den Strohhalm in eine Wasserschale halten und Töne ins Wasser murmeln.

❍ **Wasserglockenspiel**
Flaschen unterschiedlich hoch mit Wasser befüllen. Die Flaschen mit einem Kaffeelöffel anschlagen, die Tonhöhe bestimmen und melodische Lieder spielen.

❍ **Regentropfen**
Gummihandschuhe an den Fingern mit kleinen Löchern versehen und mit Wasser befüllen. Den gefüllten Handschuh und das Wasser mit mehr oder weniger Druck auf unterschiedliche Unterlagen (Kuchenbleche etc.) regnen/prasseln lassen.

❍ **Quellnymphengesäusel**
Flaschenkante an die Unterlippe halten und durch Pusten ferne Nymphenklänge erzeugen.

Gibt es weitere Ideen?

Der Gesang der Sirenen

Es gibt viele Legenden von Nixen und Meerjungfrauen, von der Loreley oder den Sirenen, die durch ihre zauberhaften Gesänge Männer verwirren und in ihren Bann ziehen.

Alter: ab 4 Jahren
Material: Wasserschüssel, Wasser, Strohhalme

Die SpielerInnen sitzen im Kreis und schließen die Augen, die Spielleitung tippt einem Kind auf die Schulter. Dieses Kind schleicht in die Mitte und summt mit dem Strohhalm eine Melodie ins Wasser. Es setzt sich wieder hin und die anderen raten, wer wohl die Sirene war. Wer es errät, darf die nächste Sirene auswählen.

Leise fällt ein Tropfen

Nr. 17
Text: S. Steffe
Musik: D. Ferber

Wasser plätschert, Wasser rauscht, Wasser fließt und Wasser saust.
Murmelt leise, donnert, braust, tröpfelt, trippelt, gurgelt, schnauft.
Wasser singt sich selbst ein Lied und spielt dazu die Wassermusik

Leise fällt ein Tropfen
Plitsch und plitsch und platsch
Und dann noch ein Tropfen
Plitsch platsch plitsch platsch platsch

Und die Zwerge trommeln leise
Tik tak tik tak tik tak tum
Trolle springen in die Pfützen
Pitz patz pitz patz pitz patz plum

Wassermännchen gurgelt fröhlich
Gigel gagel gurgelum
Alter Nöck steigt aus dem Wasser
Witschel watschel watschel rum

Fällt ein wenig Regen
Tok tok tok tok tok
Trommelt an mein Fenster
Pok pok pok pok pok

Rauscht ein kleines Bächlein
Schubi dabi dum
Fließt dann in das Flüsschen
Didel dadel dum

Wasserfall der donnert
Wumm und wumm und wumm
Saust ins Tal hinunter
Hui und hui und rrrums

Großer Fluss fließt träge
Brummel, brummel, brumm
In den großen Ozean
Welle welle wumm

Die Seejungfrau Lutey

Ein junger Mann lebte immer noch alleine und hatte keine Freundin. Er wünschte sich zwar sehnlichst wie die anderen Männer seines Alters eine Frau fürs Leben zu finden, war aber sehr scheu. Kaum kam er in die Nähe eines weiblichen Wesens, verschlug es ihm die Sprache. Und je sympathischer er eine Frau fand, desto weniger brachte er die Zähne auseinander – das war einfach wie verhext. So lebte er alleine. Er hatte sich ein gemütliches Zuhause geschaffen, ging gerne viel spazieren und spielte mit Leidenschaft die Harfe.

Die Harfe war ein altes Erbstück seiner Urgroßmutter. Zu Lebzeiten war sie berühmt dafür gewesen, welche wunderschönen Klänge sie der Harfe entlocken konnte. So hieß es in der Familie, er habe diese Kunst von ihr geerbt. Die anderen jungen Männer machten sich lustig über ihn, weil sie fanden, das Instrument sei irgendwie zu „weibisch", wie sie sich hinter vorgehaltener Hand zuflüsterten.

Je besser er die Saiten der Harfe zu spielen wusste, um so mehr Töne kamen ihm in den Kopf. Bald hörte sich seine Musik an, wie die immer wieder emporsteigenden Wasserbläschen, die am Mühlenweiher genau da entstanden, wo das Bächlein in den Weiher trifft. Dies war sein Lieblingsplatz auf Spaziergängen. Immer wieder ging er zu dieser Stelle am Weiher und je genauer er zuhörte, um so schönere und feinere Melodien vernahm er. Wenn er dann so dasaß, träumte er von seiner Märchenprinzessin.

Was er nicht wusste, unter der Wasseroberfläche war schon lange Lutey, die Seejungfrau, auf ihn aufmerksam geworden. Sie verzehrte sich nach ihm, wenn er nicht in ihrer Nähe war. Und groß war ihre Seligkeit, wenn sie ihn durch das Wasser wieder erblicken konnte. Sie war es auch, die für ihn die Wasserbläschen aufsteigen ließ und diese wunderschönen Melodien ersann. Je öfter er an die Stelle kam, umso mehr verliebte sie sich in ihn. Da sie aber wusste, dass sie nur eine Weile bei ihm leben durfte, zeigte sie sich nicht, denn den Schmerz einer notwendigen Trennung wollte sie ihm ersparen. Irgendwann war die Liebe aber so stark, dass sie sich nicht mehr zurückhalten konnte. Vor lauter Sehnsucht verwandelte sich ihr Fischschwanz mehr und mehr in Menschenbeine. Nur zwischen den Zehen konnte, wer einen Blick dafür hatte, ein paar Schwimmhäute entdecken.

Auch dieses Mal hörte der junge Mann wieder neue Töne im Wasser und er wollte schnell nach Hause, die neue Melodie zu spielen. Aber als sich der Jüngling dieses Mal entfernte, folgte ihm die kleine Seejungfrau mit leichten Schritten.
Als er nun zuhause saß und seine Melodie auf der Harfe zupfte, klopfte es zaghaft an der Tür. Der Jüngling erhob sich, öffnete die Tür – und es verschlug ihm augenblicklich die Sprache: Ein so schönes Mädchen hatte er noch nie in seinem Leben gesehen. Sanfte grüne Augen blickten ihn freundlich an. In jedem Auge entdeckte er einen kleinen Lichtpunkt, der aussah wie eine Seerose auf einem stillen Waldsee. Die Haare trug das Mädchen bis auf die Hüften. Sie schimmerten bunt wie Herbstlaub in der Sonne. Die Hautfarbe war hell mit einem leichten Teint ins olivfarbene. Wissend fragte sie ihn, ob sie hereinkommen dürfe, denn sie brauchte gar nicht mit ihm reden, sie fühlte ganz mit ihm. Er nickte nur und ließ sie eintreten.

Mit stillem Glück versorgte er sie mit Tee und Plätzchen und spielte ihr auf der Harfe vor. Etwas Schöneres konnte er sich gar nicht vorstellen und auch sie war überglücklich, wie schön er die Harfe zu spielen wusste. Am Abend fragte sie ihn, ob sie bleiben dürfe, und er brachte es fertig, ein leises „Ja" über die Lippen zu bringen. Beide fühlten sich wie im siebten Himmel und keiner von ihnen hätte sagen können, ob seit ihrem ersten Treffen Stunden, Tage oder Jahre vergangen waren.

Irgendwann kam Asrey, ihre gemeinsame Tochter zur Welt. Asrey war ebenso schön wie ihre Mama und ebenso musikalisch wie ihr Papa. Asrey hatte eine Vorliebe schwimmen zu gehen und in der Sommerzeit war sie nicht vom Wasser wegzubekommen. Irgendwann bemerkte Lutey, dass sich Asrey immer mehr zum Wasser hingezogen fühlte. Sie wusste, dass es der alte Nöck, der Herrscher des Mühlenweihers war, der Asrey zu sich holen wollte. Schweren Herzens entschied sich Lutey, ihren lieben Mann und ihre Tochter zu verlassen und an ihrer Tochter Stelle zurück ins feuchte Wasserreich zu gehen. Wie weinte der Mann und die kleine Tochter Asrey, als sie am Ufer des Weihers das grün schillernde Kleid ihrer geliebten Frau und Mutter fanden. Nur die Tatsache, dass er für Asrey sorgen musste, ließ ihn am Leben. Es regnete viel in dieser Trauerzeit und auch das Bächlein spielte traurige Melodien. Weil ein Kind aber ein Recht auf frohe Tage hat, wandelte sich im Herzen des Mannes die Traurigkeit langsam in liebe Erinnerung an seine geliebte Frau.

Asrey war der ganze Stolz ihres Vaters. Sie wuchs heran und war bei allen, die sie kannten, sehr beliebt. Die Jahre vergingen und als sie im heiratsfähigen Alter war, fand sie einen jungen Mann, der wunderschön die Laute zu spielen wusste. Bald wurde Hochzeit gefeiert und die beiden bekamen einen Sohn und eine Tochter. Die Kinder liebten ihren Opa und wenn sie am Wochenende mal bei ihm übernachten durften, dann erzählte er ihnen die wundersamsten Geschichten von Nixen, Seejungfrauen und davon, wie die Seejungfrau Lutey sich unsterblich in einen jungen Harfenspieler verliebte ...

Bewegte Spiele mit und im Wasser

Brunnenspiel

In Deutschland glaubte man einst, dass Nixen gerne Kinder zu sich holen, um mit ihnen zu spielen, insbesondere Kinder, die im Tierkreiszeichen des Wassermannes geboren sind. Darum gab es den Brauch, die Naturgeister des Wasser zu bitten, die Kinder nicht zu sich zu nehmen. Die Mütter versuchten die Nixen dann gütig zu stimmen, indem sie nach der Taufe eine Münze als Opfer in den Brunnen, den Fluss oder den See warfen und riefen: „Hier hast du das Deine, lass mir das Meine."

Alter: ab 6 Jahren
Material: Wassereimer, Wasserglas, Wasser, Münzen

Ein mit Wasser gefüllter Eimer dient den Kindern als Brunnen. Auf seinem Grund steht das Wasserglas. Reihum werfen die Kinder ihre Münzen begleitet von einem Wunsch in den Brunnen. Treffen sie dabei in das Wasserglas, werden sie von den Nixen erhört.

Rheingold

Alter: ab 4 Jahren
Material: Planschbecken, Sand, Glasnuggets, Wasser

Die Kinder graben nach Herzenslust im Planschbecken nach Schätzen.

Loreley

Flussnymphen haben ein freundliches, neugieriges Gemüt und doch wurden sie schon so manchem Schiffer zum Verhängnis, denn sie verlieben sich gerne in gutaussehende junge Männer. Sie locken sie mit ihrem Zaubergesang; die Schiffer werden unachtsam und von ihrer lieblichen Stimme betört, rudern sie gegen Felsen. Ihr Boot zerbricht und die Meerjungfrau zieht sie zu sich in das tiefe Wasser.

Alter: ab 4 Jahren
Material: Wasserschüssel, Wasser, kleines Segelschiffchen, Haarkamm

Ein Kind ist „Loreley", ein zweites der „Schiffer".
Die Loreley kämmt ihr Haar und singt dabei gar „betörende Lieder" – je krummer, desto besser!
Der Schiffer muss ohne zu lachen ein kleines Segelschiffchen von einem Ufer der Wasserschüssel zum anderen pusten.
Gelingt es, hat der Schiffer gewonnen, wenn nicht, hat „Loreley" ihren Tribut erhalten.

Der Geist des Wasserfalls

Material: Ackerfolie, schräge Ebene, Wasser, Wassereimer, Gartenschlauch

Die Ackerfolie auf einer (möglichst schräg abfallenden) Wiese ausbreiten.
Ein Kind ist der Wassermann des Wasserfalles und hält den aufgedrehten Wasserschlauch, bzw. schüttet einen Eimer Wasser auf die Wasserfallrutsche. Ein anderes Kind begibt sich in seine Macht und rutscht die Wasserfallrutsche runter.

Fantastische Reise zu den Wassergeistern des Meeres

Diese Reise unterstützt die Vorstellung der Kinder, sich im Wasser (Meer oder Schwimmbad) selbst zu bewegen.

Durchführung: siehe Allgemeine Hinweise zu Fantasiereisen (S. 16)

Stellt euch vor, wir sind in Urlaub und freuen uns endlich am Meer zu sein. • Wir hören das immer wiederkehrende Rauschen der Meereswellen, die Brandung zieht uns ins Meer hinein. • Wir genießen das Auf und Ab der Wellen. • Wir legen uns in Gedanken auf die Wasseroberfläche und lassen uns treiben. • Die immer wiederkehrenden Wellen lösen Verspannungen und schaukeln uns wohlig, als würden wir sanft gewiegt in den Armen des Okeanos. • Wir dürfen sein, dürfen uns getragen fühlen von jener Kraft des Meeres. • Wir lassen uns an den Strand spülen und genießen die prickelnde Brandung unter unseren Füßen. • Wir stellen uns vor, wie wir mit einem Delfin im Wasser spielen. Pfeilschnell kommt er angeschwommen. Wir halten uns an seiner Rückenflosse fest und er zieht uns durch das Meer. • Feiner Sand liegt auf dem Meeresgrund, das Wasser ist ganz klar und der Salzgehalt des Meeres macht uns leicht. Wir lassen uns von dem Delfin durch das Wasser ziehen. Unsere Schwimmbewegungen werden dem Delfin gleich. • Wir genießen es, unter Wasser die Augen aufzumachen: Die Welt ist still und unwirklich. • Unsere Haare passen sich unseren Schwimmbewegungen an wie die Algenhaare einer Wassernixe. • Wir sehen kleine, silberglänzende Fische, die unseren Ausflug ins Meer begleiten. Am Meeresgrund sehen wir kleine Muscheln. • Am Ende der Bucht entdecken wir eine Höhle. Wir trauen uns dorthin zu schwimmen. Das Wasser wird immer flacher, ist nicht mehr tief und wir können stehen. Über uns wölbt sich die Felsenhöhle. Es ist wie in einer Kirche. Wir summen den Anfang eines Liedes und die Melodie hallt von den Wänden wider. Es ist ein besonderer Ort und wir können uns gut vorstellen, dass hier ein Wassermann seinen Palast hat. • Wir wollen ihn nicht stören und wenden uns wieder dem Höhleneingang zu. Hier wartet unser Delfin und bringt uns sicher wieder zu unserem Platz am Meer zurück. Müde und mit schweren Gliedern schleppen wir uns durch die Brandung und lassen uns auf unser Handtuch fallen. • Gestrandet, vom Meer wiedergeboren. • Wir ruhen uns etwas aus und kehren in Gedanken von unserer Reise hierher zurück.

Das Seehundsfell der Meerjungfrauen

Jede neunte Nacht legen die Meerjungfrauen ihre Robbenpelze ab und tanzen als überirdisch schöne Wesen am Uferstrand. Wem es gelingt, so ein Robbenfell an sich zu nehmen, zwingt die Meerjungfrau, in ihrer Menschengestalt auf dem Lande zu bleiben.

Alter: ab 8 Jahren
Material: 1 Handtuch pro Meerjungfrau
Spielort: Schwimmbad oder Badestrand

Die Kinder teilen sich in „Meerjungfrauen“ und „Männer“, die sie für sich erobern wollen. Jede Meerjungfrau erhält ein Seehundsfell (Frottierhandtuch).
Geht eine schwimmen, können sich die „Männer“ ihr Handtuch schnappen. Die Meerjungfrauen steigen sofort aus dem Wasser und jagen den Seehundsfell-Klauer. Gelingt es ihnen, das Handtuch wieder zu bekommen, sind sie befreit, wenn nicht, bleiben sie solange Gefangene der Menschen, bis eine andere Meerjungfrau, die noch im Besitz ihres Seehundfells ist, sie durch Abschlagen erlöst.

Die Tränen der Meerjungfrauen

Die Tränen der Meerjungfrauen versteinern zu grünen, runden Kieseln. In manchen Gegenden heißen diese Steine heute noch Meerjungfrauentränen.

Material: runde Flusskiesel, grüne Farbe, Klarlack
Ort: Bach, Fluss

Die Kinder sammeln am Ufer möglichst runde Kieselsteine. Die Steine bemalen sie mit grüner Farbe und überziehen sie mit Klarlack. Die getrockneten Steine bewahren sie als besonderen Schatz auf.

Perlentauchen

Material: Stanniolpapier, viele Schätze (Plastikperlen o. Ä.), pro Kind ein Schatztütchen
Spielort: Schwimmbad

Die Schätze in Stanniolttüten füllen, abbinden und im Schwimmbecken verteilen.
Die Kinder tauchen nach den Schätzen. Sie sammeln sie in ihren Schatztütchen und bewahren ihren Schatz an einem geeigneten Platz – vielleicht in einem der „Wasserreiche für zu Hause“ (S. 92) auf.

Wasserballett

Alter: ab 4 Jahren
Spielort: Meer, Badesee oder Schwimmbad

Die Meerjungfrauen und -männer fassen sich an den Händen im Kreis. Zuerst legt sich jedes zweite Wasserwesen auf die Wasseroberfläche und die andern tragen diese und ziehen sie im Kreis herum. Nach einigen Runden wechseln sie die Positionen. Wenn das beherrscht wird, studieren die Wassernixen gemeinsam neue „Choreografien“ ein.

Das Fest im Unterwasserland

Nr. 21
Text. S. Steffe
Musik: G. Geisinger

Ein Junge saß einsam am Meeresstrand
Und bohrte den Zeh in den weichen Sand
Da hörte er lockende Stimmen singen
Und dachte: So müssen die Nixen klingen.

Refrain: Heut ist ein Fest im Ozean mit Wellen und mit Wind.
Es tanzt der wilde Wassermann mit einem Nixenkind.
Ja heute ist ein großes Fest im Unterwasserland
Und eine kleine Meerjungfrau singt ganz allein am Strand:
Ich bin ein nasses Nixenkind und tanze auf den Klippen
Und weil ich keine Füße hab, lass ich die Flosse wippen.

Der Junge ging langsam zum Wasser hin
Da sah er die Meerjungfrau sitzen.
Sie nahm seine Hand und zog ihn davon
Um durch Wellen zum Tanzfest zu flitzen.

Refrain: Heut ist ein Fest im Ozean ...

Frau Hummer hatte sich feingemacht
Und trug eine Perlenkette
Da seufzte die Qualle voller Neid:
„Ach, wenn ich die doch bloß hätte!"

Die Krake streckte die Arme aus
Und tanzte mit sieben Nixen
Dann forderte sie eine Miesmuschel auf
Doch die blieb wie angeklebt sitzen.

Frau Barsch brachte sich in Sicherheit
Denn der Zitteraal wollte sie küssen
Herr Aal wurde grün vor Verlegenheit
Und der Wal hat ihn wegbringen müssen.

Die Fische tanzten im Kreis herum
Und klatschten im Takt mit den Flossen
Der Junge vom Strand hopste fröhlich drumrum
Ach, wie hat er das Fest doch genossen.

Refrain: Heut ist ein Fest im Ozean ...

Wassermannfest im heißen August

Die Familie der Wassergeister ist groß! Von der stillen Quellnymphe, der zarten Seejungfrau, dem grimmigen Wassergeist, den schönen Sirenen bis zum gutmütigen Wassermann lieben alle Wassergeister große Familientreffen. Obwohl sie so unterschiedlich sind, sind sie gefühlsmäßig doch stark verbunden. Trotz ihrer individuellen Eigenheiten, sind sie sich in einem einig: Wir brauchen Wasser!!! Egal ob als Aufenthaltsort, als Getränk, in Speisen oder einfach als Ambiente.
Der beste Moment für ein Wassermannfest ist drum der heiße August, weil Menschen zu diesem Zeitpunkt dieses Grundbedürfnis mit den Wassergeistern teilen.

Die blaue Grotte

Material:
Fischernetze oder Pflanznetze (Gartenmarkt), Meerestiere aus Pappe oder Plastik, Sand, echtes Strandgut (Muscheln, Treibholz ...), Bambusmatten (Gartenmarkt), Schilfgrashalme, Unmengen von blauen und grünen Tüchern, wenn vorhanden Lichterketten mit blauen Glühbirnen, Wassersäulen, Brunnen, alle möglichen Gefäße, in die sich „Wasserreiche" dekorieren lassen (vgl. S. 92), Schwimmkerzen

Den Festplatz, egal ob drinnen oder draußen, nach den örtlichen Verhältnissen und mit den vorhandenen Materialien in einen Platz verwandeln, an dem sich Wassermänner und Nixen wohlfühlen.

Im Sommer sind Wasserplätze, an denen sich die Wasserwesen auch tatsächlich erfrischen können, ein Muss! Dies muss nicht das eigene Schwimmbad sein! Dazu können aufgestellte Zinkwannen genauso dienen wie ein zur Dusche installierter Gartenschlauch, oder einfach ein paar Gießkannen. Falls keine Wassermöglichkeiten im Freien vorhanden sind, muss notfalls die Dusche im Haus herhalten.

Die Tische mit Pflanznetzen beziehen und aus Pappe Seesterne, Fische und Muscheln ausschneiden, bemalen und in die „Fischernetze" dekorieren. Als Festtagsbeleuchtung eignen sich Schwimmkerzen, in kleine Wasserschalen gefüllt mit Muscheln, Murmeln und Wasser ...

Festtagskleidung

... für den Wassermann von Welt

Material: Mistgabel o. Ä., Wollmütze, grüne und blaue Wollfäden oder Krepppapier, Krone, Bademantel mit Meerestieren aus Pappe oder Plastik und Schilfgras verziert, Schwimmflossen, Spritzfisch

Der Wassermann trägt den Dreizack zum Zeichen seiner Würde (Mistgabel o. Ä.), als Kopfputz eine alte Wollmütze mit Unmengen von grünen und blauen Wollfäden oder Kreppbändern, darüber ziert sein Haupt eine Krone. Er trägt einen alten Mantel aus der Verkleidekiste (Bademantel, o. Ä.), der mit Meerestieren aus Pappe oder Plastik und Schilfgras verziert ist. Mit ihm verdeckt er seine Badehosenblöße und seine Fischschuppen. An den Füßen trägt er Flossen, das versteht sich von selbst. In der Manteltasche sollte er immer ein Wasserspritztierchen bereithalten ... logisch!

... für die Nixe der Gesellschaft

Material: altes Halbarm-T-Shirt XXL, Füllwatte, Glitzerstoff oder Glitzerfolie, und sonstigen Tand (Glitzersteinchen, Glitzerbändchen. ..), grüne Batikfarbe, Schere, Nadel und Faden

Die Nixe trägt über der aktuellen Badenixenmode ein überdimensioniertes altes T-Shirt, mit angenähtem Fischschwanz.

- Falls das T-Shirt nicht bereits blau oder grün ist, sondern weiß oder gelb, in Batikfarbe legen und einfärben.

- Die Ärmel aus dem T-Shirt heraustrennen, an der Ärmelöffnung mit grobem Stich zusammennähen, mit Füllwatte füllen und den Ärmelansatz rechts und links zunähen, fertig ist die Fischflosse.
- Das T-Shirt so zusammenknoten, dass unten am Saum die Weite genommen und der Stoff nach hinten gezogen ist. An den Knoten die Fischflosse aufnähen.
- Die Träger des T-Shirts mit stilvollen Glitzerbändern zusammenbinden und das ganze Nixenkostüm mit Schuppen von Glitzerstoff oder Glitzerfolie benähen und verzieren.

Abend Make-Up

Material: Wasserschminke, Glitzersteine zum Aufkleben, grüne und blaue Glitzerbänder, Glitzerkämme

Am Abend trägt die Nixe von Welt ein zartes Grün oder Blau (Wasserschminke!) auf den Wangen, um den Teint zu unterstreichen. Etwas Feenstaub und eine kleine Träne der Meerjungfrau (grüner Glitzerstein zum Aufkleben) vollenden das Make-up! In den Haaren trägt sie kunstvoll eingeflochtene grüne und blaue Glitzerbänder und ebensolche Kämmchen. Als Schmuck trägt sie Muschelketten um Hals, Arme, Fußgelenke und Hüfte.

... für Wasserbabys

Wasserbabys werden die Wassergeistchen genannt, die sich in den Schaumkronen der Meeresbrandung austoben.

Material: grüne und blaue Chiffontücher

Wasserbabys schmücken ihre Badeanzüge einfach mit blauen oder grünen Chiffon- oder Seidentüchern, die rechts und links an den Träger oder an die Badehose geknotet werden.

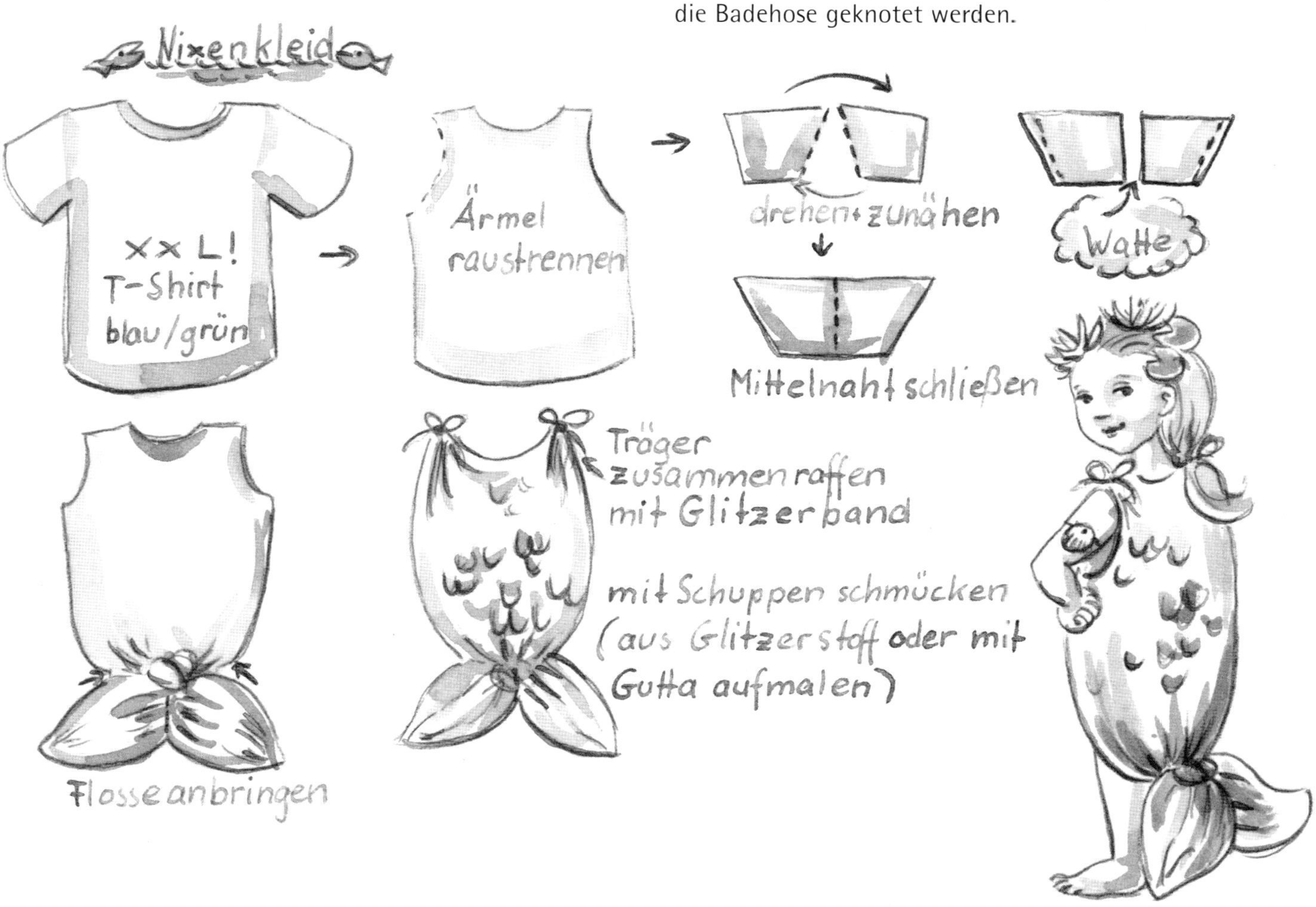

Was macht denn der Wassermann

Nr. 19
Text: S. Steffe
Musik: D. Ferber

1. Was macht denn der Wassermann
Wenn er mal nicht schwimmen kann?
Dann zieht er um, er zieht herum
Und springt bei dir zu Haus'
Unter der Dusche rum
Pitsche-Patsche-Plitsche-Platsche
Plitsche-Platsche-Plum

2. Was macht denn der Wassermann
Wenn er mal nicht schlafen kann?
Dann zieht er um, er zieht herum.
Und liegt bei dir zu Haus
In der (Bade)Wanne rum
Pitsche-Patsche-Plitsche-Platsche
Plitsche-Platsche-Plum

3. Was macht denn der Wassermann
Wenn er mal nicht lachen kann?
Dann zieht er um, er zieht herum
Und lacht sich bei dir zu Haus
Über uns alle krumm.
Pitsche-Patsche-Plitsche-Platsche
Plitsche-Platsche-Plum

4. Was macht denn der Wassermann
Wenn er mal nicht weinen kann?
Dann zieht er um, er zieht herum
Und heult bei dir vor Heimweh
Die ganze Nacht herum
Pitsche-Patsche-Plitsche-Platsche
Plitsche-Platsche-Plum

5. Was macht denn der Wassermann
Wenn er mal nicht feiern kann?
Dann zieht er um, er zieht herum
Und feiert dann mit uns ein Fest
Denn er ist ja nicht dumm
Pitsche-Patsche-Plitsche-Platsche
Plitsche-Platsche-Plum

Wassermannstimme:
Mein See ist wirklich wunderschön,
An Land halt ich's nicht aus.
Drum sag ich jetzt „Auf Wiederseh'n"
Und schwimm zurück nach Haus.

Wassermanns Leibspeisen

Seetang mit Krabben

Grüne Nudeln mit frischer Petersilie, dazu Krabben in etwas Tomatensoße (falls die Gäste die mögen), ansonsten Fischstäbchen reichen.

Mühlenwassermixgetränke

Verschiedene Sirupsorten (Waldmeister-, Himbeergeschmack) und Ahoi-Brause verschiedener Geschmacksrichtungen mit Wasser mischen und gut gekühlt in Flaschen oder Karaffen bereit halten. Dazu Eiswürfel reichen, in die kleine Blümchen oder Kräuter eingefroren sind.

Götterspeise mit Teichlinsen

Die Götterspeise wie gewohnt zubereiten und in eine große flache Glasschale oder mehrere Glasschälchen füllen. Nach dem Erkalten mit Schokolinsen bestreuen.
Tipp: Wer will, kann auch für jeden Gast ein kleines Latex-Spritzfischchen (gibt es im Spieleladen) in die Götterspeise mit einschließen.

Im hohen Norden - bei den Trollen

Das Reich der Trolle

Trolle sind die Naturgeister der norwegischen Wälder. Riesige, unendliche Fichtenwälder bedecken Norwegen wie ein dunkelgrüner Mantel. So ist auch der norwegische Urtroll schwerfällig, dunkel und überwuchert. Er ist selbst wie ein gehender Wald und Berg. In den Trollgeschichten der Norweger schwingt die Angst vor der Dunkelheit, die Angst vor den großen Wäldern mit. Diese seltsamen, moosbedeckten Gestalten aus der nordischen Volkserzählung, die des Nachts umherstreunen oder tags wie versteinert dastehen, sind zwar angsteinflößend und mächtig, aber auch einfältig und dumm.

Der Name Troll lässt sich aus allen nordischen Sprachen ableiten. Germanisch „trullon" für rollen, schwedisch „trilla" für kugeln, norwegisch „trulla": mit kurzen Schritten laufen, ostfriesisch „trüselen" für taumeln, schwedisch „trolla" für zaubern, im schwedischen Dialekt findet sich „trösale" für „allerlei Unwesen".

In der nordischen Mythologie geht die Entstehung der Welt auf Riesen/Trolle zurück. Ymir war der erste, der aus Reif und Frost hervorging, zu seinen Nachkommen gehört Odin. Ihr Land, weit nördlich der Berge und Steinwüsten, wird Utgard oder Jötenheim genannt. Asgard, der Sitz der Götter, war durch die Regenbogenbrücke mit Mitgard, dem Reich der Menschen, verbunden. Die Götter benutzten diese Brücke, um die Menschen zu schützen. Thor, der Donnergott, war als Mitgards Wächter der häufigste Benutzer der Brücke.

Trolle sind sehr alt und stammen aus der Zeit der Riesen. Sie sind im Allgemeinen sehr hässlich. Manche Trolle sollen, so die Erzählungen, nur ein Auge mitten auf der Stirn besitzen. Sie erinnern an die Zyklopen, jenes raue Volk aus der griechischen Mythologie, die, so die Sage, Felsen übereinander türmten, um den Himmel zu stürmen und mit den Göttern zu kämpfen. Es soll auch Trolle mit drei Köpfen geben. Ihre Haut hat die Beschaffung von Leder und ihre Bewegungen sind plump und schwerfällig. Sie verfügen zudem über geringe magische Fähigkeiten. Ihre Sprache ist sehr rau und auf einfache Worte beschränkt. Trolle setzen sich niemals dem Sonnenlicht aus, da sie die besondere Eigenart haben, beim Kontakt mit dem Sonnenlicht zu versteinern. Sollte man tatsächlich einmal einem großen Troll begegnen, muss man diesen lediglich so lange hinhalten, bis die Sonne aufgeht. Dann lockt man ihn aus seiner Höhle und sobald er zu Stein erstarrt ist, steht einer erfolgreichen Flucht nichts mehr im Wege, so lautet der Ratschlag der Menschen Skandinaviens.

Trolle sind Wesen der Dunkelheit, also nachts aktiv. Sie möchten die Nacht für sich allein haben, so der Volksglaube. Angebliche Trollsprüche dazu lauten: „Geh jetzt hinein, der Tag ist dein, die Nacht ist mein", oder „Leih mir deinen Kessel; ich muss den Bauern kochen, der keinen Feierabend kennt!"

Fantastische Reise in das Reich der Trolle

Alter: ab 8 Jahren
Durchführung: siehe Allgemeine Hinweise zu Fantasiereisen (S. 16)

„Stellt euch vor, wir packen unsere Koffer mit dicken Norwegerpullis, festem Schuhwerk, einem Kompass, genügend Verpflegung, einem Fernrohr und machen uns auf zu einer fantastischen Reise nach Norden. In Norwegen sind die Wälder so tief, die Natur undurchdringlich weit und einsam, dass man hier tagelang laufen kann, ohne einer Menschenseele zu begegnen. • Stellt euch vor, wir machen eine Wanderung durch einen dieser Wälder. Wir schauen an den riesigen, rauschenden Fichten empor, entlang an den mächtigen Stämmen. Da kann auch bei uns die Vorstellung reifen, dass hier noch irgendwelche Wesen aus früher Vorzeit hausen, denn die Zeit scheint hier im tiefen, undurchdringlichen Wald stehen geblieben zu sein. • Nach einem langen Wandertag erreichen wir zur Nachtruhe eine Wanderhütte, in der wir uns sicher und geborgen fühlen. • Wenn die Sonne untergeht, senkt sich Einsamkeit und Frieden über die ausgedehnten Fichtenwälder, eine dichte Stille. Wir betrachten die vor uns liegenden Wälder und es scheint, als ob sie in ruhiger und stiller Erwartung lägen. • Alles, was bislang unbeweglich wie ein Berg vor uns lag, scheint aus dem Fenster der Hütte betrachtet auf einmal verwandelt. Hat sich dort in der Ferne der Fels bewegt? • Ist das vielleicht ein Troll? • Ehrfurcht überkommt uns und wir sind froh, gemeinsam in der Hütte zu sein, denn wir wissen, hier lassen einen die Trolle in Ruhe. • Ruhig schlafen wir auf unserem Matratzenlager ein und erwachen erst am nächsten Morgen, als uns Sonnenstrahlen an der Nase wach kitzeln. • Jetzt sind da draußen keine Trolle mehr, denn sie meiden das Sonnenlicht. Wir recken und strecken uns und kehren hierher zurück. Stolz darauf, dass wir so mutig waren, eine Nacht im Trollland verbracht zu haben."

Spaziergang zum Felsenmeer

Alter: ab 4 Jahren
Ort: felsige, steinige Gegend
Material: pro Kind eine Tasche zum Sammeln von Steinen

Auf dem Spaziergang halten alle nach Trollen Ausschau. Das können riesige Bergtrolle genauso sein, wie kleine Steintrolle.
Auf dem Weg sammeln alle TrollforscherInnen Steine auf, die trollähnlich aussehen.
Nach und nach ergeben sich dazu tolle Trollgeschichten, die sich zuhause in Bildern erzählen oder aufschreiben lassen ...

Die Sprache der Trolle - Grommolo

Trolle sind für ihren rauen Umgangston bekannt. Bei diesem Spiel unterhalten sich die Kinder als Trolle nur über raue Töne, mit tiefer, grollender Stimme und sprechen dabei kein richtiges Wort.
Wie sich das anhört? Etwa so: „Groscht habba droch wuschtelgrotz!!!"

Der Dreikopftroll

Alte Legenden berichten von Trollen mit drei Köpfen, die gar grauslich ausschauen, die sich aber nur langsam bewegen können.

Alter: ab 6 Jahren
Material: 1 Schal

Drei Kinder werden an den Beinen zum „Dreikopftroll" zusammengebunden. Der Troll stellt sich an die eine Seite des Spielfeldes. Alle anderen Kinder auf die gegenüber liegende Seite.
Der Troll ruft: „Wer hat Angst im dunklen Wald?"

Die Kinder rufen: „Niemand!"
Der Troll ruft: „Und wenn der Troll kommt?"
Die Kinder antworten: „Dann rennen wir davon!"
Die Kinder rennen los. Sie müssen unbehelligt die Spielfeldlinie der Trolle erreichen. Wer vom Troll abgeschlagen wird, versteinert auf dem Spielfeld. Die drei SpielerInnen, die am Ende noch frei sind, werden zum nächsten Dreikopftroll, die versteinerten SpielerInnen sind erlöst.
Hinweis: Wem die Fortbewegung als Dreikopftroll zu schwierig ist, der versucht es erst einmal mit einem „Zweikopftroll" ...

Trollbotn

Trollbotn oder deutsch Trollboden, sind Gebiete, in denen Bauern kein Vieh halten, in denen keine Brücken gebaut und vor denen Kinder gewarnt werden, weil hier Trolle hausen sollen.

Alter: ab 6 Jahren
Spielort: möglichst im Freien

Die Kinder bestimmen einen „Held", der sich durch „Trollbotn" wagen soll und sich auf einen Ausgangspunkt stellt.
Die anderen stellen sich zum Kreis. Alle (auch der Held) schließen die Augen und die Spielleitung bestimmt durch Handauflegen, wer der Troll ist.
Die Kinder öffnen die Augen, verteilen sich auf der Spielfläche und versteinern – verharren in der Bewegung und rühren sich nicht mehr!
Nun entscheidet sich der „Held" für einen Wanderweg durch Trollbotn.

- Wählt er einen Weg, an dem er nicht direkt am Troll vorbeikommt, hat er das Spiel gewonnen und bestimmt einen neuen „Helden".
- Wählt er einen Weg, der am Troll vorbeiführt, so löst sich der Troll aus der Versteinerung und versucht den „Helden" zu fangen. Gelingt es ihm vor Erreichen der Ziellinie, hat der Troll gewonnen und wählt heimlich einen neuen Troll.

Bei jeder neuen Spielrunde verteilen sich die Kinder neu auf der Spielfläche.

Riesen aus der Eiszeit

Vor vielen tausend Jahren, als der Norden noch ganz mit Eis bedeckt war, lebten hier kein Mensch und kein Tier. Der Nordwind pfiff übers Land und für alles Leben schien es viel zu kalt. Das war die Zeit, als riesige Ungetüme, die Trolle im weiten Land ihr Dasein fristeten. Ihr Fell war zottig und verfilzt, bewachsen von Moos und stellenweise sogar von Wald – so riesig waren sie. Pflanzen konnten auf den Riesenleibern wegen der Körperwärme der Trolle gedeihen. Verspürte ein Troll mal so etwas wie Hunger, dann kratzte er sich behäbig am Kopf und verschlang etwas vom gewachsenen Grünzeug.

Nie ist diesen Gestalten auch nur eine Menschenseele begegnet. Ja, sie hatten selbst untereinander ganz selten Kontakt, so groß und leer war das Land. Kein Wunder also, dass sie auch keine Sprache hatten, mit wem hätten sie auch sprechen sollen? Tat ein Troll den Mund auf, so hörte sich seine Stimme an wie Donnergrollen von herabstürzenden Felsen, das Tosen von riesigen Wasserfällen oder das Pfeifen eines wütenden Sturmes. Das kam daher, dass dies die einzigen Geräusche waren, die diese Trolle in ihrer Einsamkeit vernahmen.

Da sie alle Einzelgänger waren, für niemanden zu sorgen hatten und nur das ewige Eis um sich herum kannten, waren sie äußerst träge – für wen oder was hätten sie sich auch bewegen sollen? Ihr Äußeres glich dann um so mehr einem Berg oder einem undurchdringlichen Wald. Nur nachts, wenn die Kälte auch für sie unerträglich wurde, lösten sie sich aus ihrer Versteinerung und schoben die riesigen Eisplatten von sich weg, damit sie nicht mehr frieren mussten. Nach und nach schoben sie über viele, viele Jahre auf diese Weise alle Eisplatten in Richtung Meer. Die Eisplatten versanken unter lautem Getöse im Meer und tauten nach vielen, vielen weiteren Jahren langsam auf. Noch heute sind an den Küsten der Länder im Norden die tief ins Landesinnere reichenden Furchen erkennbar, die durch die Bewegung der riesigen Eismassen entstanden sind.

So kam nach und nach fruchtbare Erde zum Vorschein, die sich langsam durch die Sonne erwärmte. Überall, wo die Trolle vorbeikamen, flogen allerlei Baum- und Grassamen aus ihrem Zottelfell, sodass es nicht lange dauerte, bis der ganze Norden von dichten Wäldern bedeckt war. Mit dem Wald zogen die ersten Waldtiere in die nördlichen Regionen und ihnen folgten die Menschen in diese Gegend.

Da die Trolle das Tageslicht meiden und nur nachts aktiv sind, dauerte es wieder unendlich lange, bis Menschen einem Troll begegneten. Da die Trolle wie versteinert lagen, merkten es die Menschen noch nicht einmal, wenn sie auf einem vermeintlichen Berg herumliefen, der in Wirklichkeit ein schlafender Troll war. Der Troll bemerkte die Menschen auch nicht, da sie für ihn leicht wie eine Feder waren. Die Menschen begannen, aus den Wäldern Bäume zu schlagen, um damit Hütten und Boote zu bauen. Wachte nachts ein Troll auf und sah kreuz und quer liegende Baumstämme in seinem Revier, so ordnete er sie und schichtete sie aufeinander. Wie wunderten sich da die Menschen, wenn am nächsten Morgen ihre Arbeit vollendet war. Einige ganz Mutige beschlossen, über Nacht im Wald zu bleiben, um zu sehen, was nachts mit ihren Baumstämmen passierte. Wie erschraken sie, als sich in der Nacht der vermeintliche Berg rührte, und sich langsam erhob. Die Erde begann zu beben. Die Menschen rannten um ihr Leben und versteckten sich aus Furcht tagelang in Höhlen und hinter Felsen.

Weil der Bergtroll mit seinem Kopf bis in den Himmel ragte, sah es aus, als ob in der Mitte nur ein Auge hell aufleuchtete. Denn der Zufall wollte es, dass in dieser Nacht gerade Vollmond war und das Mondlicht schien auf den Kopf des Trolls. Seither hält sich hartnäckig die Vorstellung, Trolle hätten nur ein funkelndes Auge.

Bald merkten die Menschen, dass diese Urtrolle zwar angsteinflößend und mächtig, aber in ihrem Wesen doch sehr einfältig und im Grunde gutmütig sind. Es gibt sogar Erzählungen, dass manch ein Urtroll sich an Menschen gewöhnte und ihnen bei bevorstehenden Naturkatastrophen half, zum Beispiel wenn es galt, einen Bergrutsch zu verhindern. Ja, die Sagen gehen so weit, dass behauptet wird, der Dom von Trondheim sei allein von Trollen erbaut worden.

Trolle selbst gemacht

Steintrolle

Alter: ab 6 Jahren (mit Hilfe)
Material: runde Steine, Steinkleber (Supermontagekleber), Wasserfarbe, Pinsel, Klarlack, evtl. Fellreste

Jedes Kind sucht sich aus seinem Fundus Steine aus und baut aus mehreren Steinen einen Steintroll. Die Teile kleben sie mit Montagekleber (mit Hilfe von Erwachsenen) schnell zusammen. Da diese Kleber Lösungsmittel enthalten, am besten im Freien arbeiten.
Sie bemalen ihre Steintrolle und überziehen sie nach dem Trocknen mit Klarlack. Wer will, kann seinem Troll noch Haare aus Fell ankleben.

Schlafender Troll

Alter: ab 4 Jahren
Material: 1 großer Steinbrocken pro Troll, Filzstift oder Farbe und Pinsel, evtl. Klarlack

Die Kinder wenden und drehen den Steinbrocken, bis sie sich den „schlafenden Troll" vorstellen können. Mit Filzstift oder Farbe und Pinsel zeichnen sie die Linien des Körpers und des Gesichtes nach. Wurde wasserlösliche Farbe verwendet, sollte der Troll mit Klarlack überzogen werden.

Maistrolle

Wenn im Herbst die Maisfelder abgeerntet sind, finden wir auf dem Maisfeld die Pflanzenstrünke mit den Wurzeln. Drehen wir die Wurzeln nach oben, können wir uns die Trolle schon vorstellen.

Alter: ab 4 Jahren
Material: Maiswurzeln oder Sonnenblumenwurzeln mit Strunk, Bienenwachs oder Kerzenreste, farbiges Knetbienenwachs, hoher Topf, alte Kaffeedose

Die Wurzeln mit Strunk abspülen, trocknen lassen und auf 20 cm kürzen.
Das Wachs in der alten Kaffeedose im Wasserbad erhitzen und schmelzen.
Die Wurzeln mehrere Male in das flüssige Wachs tauchen.
Mit der Wurzel nach oben trocknen lassen.
Aus dem farbigen Knetwachs Augen, Nase und Mund formen und unterhalb der Wurzel zum Gesicht aufkleben.
Das Wachsgesicht noch mal kurz in das Wachs eintauchen, dann hält es besser. Damit die Maistrolle einen besseren Stand haben, einen Ring aus Knetwachs formen, um den unteren Rand des Strunkes legen, noch einmal in das Wachsbad tauchen und fertig ist der Maistroll.
In Gruppen zusammengestellt wirken die Trolle am besten.

Trollamulett

Alter: ab 8 Jahren
Material: Fimo, Fellchen, Zahnstocher, Lederband, evtl. Farbe und Pinsel

Aus Fimo ein Trollgesicht formen mit langer Nase, tiefliegenden Augen und grobem Mund:

- ❍ eine Kugel formen, die Kugel flach drücken
- ❍ mit Daumen und Zeigefinger die Nase herausarbeiten
- ❍ mit den Daumen die Augenvertiefungen und den Mund drücken
- ❍ mit dem Zahnstocher Feinheiten herausarbeiten
- ❍ als Öse für das Lederband mit dem Zahnstocher am oberen Gesichtsrand ein Loch bohren
- ❍ die fertige Form im Backofen härten
- ❍ das Gesicht eventuell braun bemalen, das Lederband einfädeln.
- ❍ auf die Rückseite ein Fellchen kleben, sodass die Fellhaare das ganze Trollgesicht umranden.

Wurzeltrolle

Streifen wir durch den Wald, finden wir leicht alte Baumwurzeln von längst abgestorbenen Bäumen. Meist ragen sie aus der Erde, manchmal müssen wir ein wenig nachhelfen, um sie aus dem Erdreich zu bergen.

Alter: ab 6 Jahren
Material: alte Baumwurzeln, Kaffeelöffel, Taschenmesser, Feile, Schmirgelpapier, evtl. Farbe

Haben die Kinder im Wald ein altes Wurzelholz entdeckt, schaben sie mit einem Kaffeelöffel direkt vor Ort alles Verrottete ab.
Wenn das Wurzelholz zu ihrer Zufriedenheit glatt ist, drehen und wenden sie es so lange, bis sie kleine Gesichter oder ganze Wurzeltrollgestalten darin erkennen. Mit Taschenmesser, Feile und Schmirgelpapier arbeiten sie die Form weiter heraus und malen eventuell mit Farbe ein Gesicht auf.

Die kleinen Trolle

Mit den Wäldern kamen auch die kleinen Trolle nach Skandinavien, kleine Erdgeister, die in Hügeln im Wald leben. Ob sie schon während der Eiszeit da waren und im Erdinneren wie die Zwerge lebten, ist nicht bekannt.

Kleine Trolle tragen schwarze Zottelhaare auf dem Kopf, haben meist einen Schwanz an dessen Ende sich ebenfalls Zottelhaare befinden. Sie haben immer rote Wangen, weil sie viel rumflitzen. Und das größte in ihrem Gesicht ist ihre Nase. Obwohl sie spitze Öhrchen besitzen, hören sie kein bisschen auf das, was man ihnen sagt...

Die kleinen Trolle sind im Gegensatz zu ihren großen Artverwandten sehr umtriebige, energiegeladene Geschöpfe, das liegt wohl daran, dass sie die Eiszeit nicht so in den Knochen haben, wie ihre Vorfahren.

Seit nun mehr und mehr Urlauber sich aus südlichen Ländern nach Schweden oder Norwegen aufmachen, dort vielleicht eine einsame Waldhütte an einem stillen See mieten, geht es rund!

Ähnlich wie die Heinzelmännchen haben sich nämlich die kleinen Trolle an die Menschen gewöhnt. Und sie haben ihre helle Freude daran, die Urlauber zu necken und nachts zu beschäftigen. Auch lieben sie es, wenn die einsamen Wanderer tags um den See streifen, sie ein wenig in die Irre zu leiten.

Kommen die Feriengäste dann in einer größeren Stadt vorbei und besuchen einen Souvenirladen, sind die kleinen Trolle schon längst da, sitzen regungslos in den Regalen und sorgen dafür, dass sich hauptsächlich Kinder und Frauen so in sie verkucken, dass der innigste Wunsch entsteht, diese kleinen Kerle mit nach Hause zu nehmen.

Nehmen die Feriengäste einen solchen Troll aus Latex dann tatsächlich mit nach Hause – nach Deutschland, in die Schweiz oder Österreich, denken sie, sie hätten eine stumme Erinnerung an ihren Urlaub im Norden. In Wirklichkeit haben sie aber von nun an einen waschechten kleinen Troll im Haus. Von jetzt an wird ihr Zuhause zwar ein wenig unaufgeräumter, dafür aber auch lebendiger und herzlicher.

Hampel Pampel Troll-Lied

Nr. 23
Text: S. Steffe
Musik: G. Geisinger

1. Hampel Pampel großer Troll
Hat mit Moos die Haare voll
Ist so riesig und so schwer
Schleppt den Bart hinter sich her.

2. Hat ne Nase dick und rot
Schwarze Füße lang wie 'n Boot
Ist noch höher als ein Baum
Hat ein Auge nur zum schaun.

3. Ist es ihm im Winter kalt
Tappt er durch den großen Wald
Hütet sich vor Sonnenschein
Ist am liebsten ganz allein.

4 Findet einen kleinen Troll
Weiß nicht was er mit ihm soll
Wohnt in einem Menschenhaus
Passt da auf das Feuer auf.

5. Ist auch nicht so gern allein
Gute Freunde müssen sein!
Mag der Troll auch Streiche spiel'n
Seine Menschen lieben ihn.

6. Hampel Pampel großer Troll
Findet Kleine nicht so toll
Nimmt den Winzling auf die Hand
Pustet ihn ins Menschenland.

Refrain:

Großer Troll und kleiner Troll
Rumpel, pumpel, roll, roll, roll
Einmal hin, einmal her
Große Trolle trampeln sehr
Kleine Trolle trampeln leise
Jeder lebt auf seine Weise

Trolltollfest zu Erntedank

„Über die dunklen Hügel kam die lange Prozession der merkwürdigsten Gestalten dahergestapft. Einige von ihnen waren so alt, dass Moos und kleine Büsche auf ihnen wuchsen; andere wiederum so uralt und gebeugt, dass sie aussahen wie verdrehte Kiefernwurzeln und getragen werden mussten. Sie knarrten, ächzten und röchelten, und sie keuchten und schnauften ..."
(Norwegisches Märchen)

Auf nach Soria Moria!

Trolle sollen ihre Feste unter von goldenen Säulen getragenen Felsplatten feiern.

Material: Goldfolie, evtl. Teppichbodenkerne (Teppichfachhandel, Baumarkt)

Das Trolltollfest findet am besten im Freien in felsiger Gegend oder auf einem rauen, erdigen Acker statt. Einziger Festschmuck sind mit Goldfolie umwickelte Bäumstämme (oder Teppichbodenkerne).

Trollkleidung

Trolle legen keinen Wert auf ihr Äußeres und auch keinen Wert auf das Urteil anderer Leute. Insofern sind Trolle tatsächlich in Sack und Asche gehüllt ...

Material: alte Kartoffelsäcke, Schere, Paketschnur, Fellreste (Kunstfell), Kohlestückchen, Haarfestiger

In die Kartoffelsäcke Halsausschnitt und Armlöcher schneiden. Den Sack überstülpen.
Mit der Paketschnur den Kartoffelsack am Bauch zusammenziehen.
Fellreste nach Belieben um Arme und Beine wickeln und mit Paketschnur befestigen. Mit Kohle Gesicht, Arme und Beine schwärzen.
Den Haarfestiger in die Haare reiben und die Haare wild vom Kopf stehen lassen.

Trollnamen

Zum Troll wird nur, wer auch einen Trollnamen führt!
Namen können sein: Trond der Waldtroll, Aspegaard, Askelad, Bredesed, Mora oder Nedda für ein Trollweib, Aarosale für ein Trollmädchen, Velsefrikk und alle Fantasienamen, die möglichst viele rollende Troll-RRRRRRRRRRR's vereinigen ...

Einäugiger Bergtroll

Wer sich richtig zum Fürchten verkleiden will, dem sei das folgende Kostüm empfohlen. Am besten wirkt es, wenn die Nacht heranbricht ...

Material: grünes Gerüstbaunetz 5 x 5 m (s. S. 35), Besen, Taschenlampe, schwarzer Fotokarton, Schere, Blumendraht

Aus dem Fotokarton die Form eines großen Auges ausschneiden, in die Mitte ein Loch schneiden für die Pupille. Hierein die Taschenlampe stecken.
Das Netz über den Besen stülpen. Für die Taschenlampe in das Netz oben ein kleines Loch schneiden. Die Taschenlampe von vorne durch das Loch stecken und mit Blumendraht am Besen festbinden.
Das Bergtrollkind hält nun im Inneren des Netzes den Besen in die Höhe: ein großes Ungetüm mit einem funkelnden Auge erwacht zum Leben ...

Besonders hart gesottene Rabauken spielen in der Abenddämmerung mit dem Bergtroll Fangen. Für das Trollkind dann aber Sehschlitze in den Umhang schneiden ... und Obacht: nicht fallen!!!
Hat der Bergtroll ein Kind gefangen, wechseln die Rollen.

Steinbeißermenu

Trollreinschmeißtopf

Trolle essen alle Wurzelgemüse, bevorzugen einfache Kost und sind durch und durch Fleischfresser.
An einem Festtag entzünden sie gerne ein Lagerfeuer (s. S. 82), stellen einen Dreibeinfuß auf, hängen einen Topf übers Feuer, in dem ein uriger Eintopf köchelt mit Kartoffeln, Mohrrüben, Schwarzwurzeln, Mais, eben mit allem Gemüse, das es bei Erntedank so gibt.
Ein besonderes Rezept gibt es dafür nicht – so kultiviert sind Trolle nun mal nicht! Alles was einem in die Hände fällt, wird geschält und in den Topf geworfen.
Ein paar Feuerwürstchen im Topf lassen Trollherzen höher schlagen.

Felsenkekse

Zutaten: 250 g gemahlene Mandeln,
100 g Zartbitterschokolade, 3 Eiweiß, 200 g Zucker

Die Schokolade klein raspeln. Eiweiß zu steifem Schnee schlagen. Gemahlene Mandeln und Schokolade unterheben.
Das Backpapier für das Blech zurechtschneiden und auslegen.
Darauf kleine Häufchen des Teiges setzen.
Bei mittlerer Hitze ca. 15 Minuten backen.
Es macht nichts, wenn die Kekse etwas härter sind. Gerade so lieben die Trolle ihre Felsenkekse!

Süßmost

Die Trolle genießen zur Erntezeit gerne schön vergorenen Süßmost.

Dass es Trollen richtig schmeckt, merkt man daran, dass sie dann „Wettessen" veranstalten oder „Größter-Happen-Essen" oder ...
Aber darauf müssen die Trolle bestimmt nicht extra hingewiesen werden!

Steintrolltollspiele

Sind die Trolle dann endlich satt, veranstalten sie gerne Steintrolltollspiele.
Ein beliebtes Spiel ist Steinweitwurf. Dazu nehmen die Trolle größere Felsbrocken und donnern sie durch die Gegend. Wenn sie ganz ausgelassen sind, bewerfen sie sich am Ende selbst mit Steinen.

Alter: ab 8 Jahren
Material: Decken, Kissen, Jacken, Paketschnur

Da solch ein Steinweitwurfspiel für Menschenkinder zu gefährlich ist, weil diese im Vergleich zu Trollen Fliegengewicht haben und eine viel zu dünne Haut und so einen Steinwurf nicht ohne Verletzung aushalten könnten, spielen Menschenkinder diese Spiele mit kräftig zusammengeschnürten Kissen, Decken oder Jacken ...

Steinrollrallye

Alter: ab 6 Jahren
Material: Parcours mit Hindernissen, fußballgroße, runde Steine

Jeder Troll muss seinen Stein über einen Parcours rollen.

Wundertraum

Nr. 25
Text: S. Steffe
Musik: W. Bender

2. Warum singt die Elfe auf meinem Bett?
Sie tanzt und sie freut sich so sehr.
Ein glitzerndes Sternenkleid hat sie an
Und ihre Augen sind blau wie das Meer

3. Warum lacht der Kobold da hinten mich aus?
Bin ich auch so ein komischer Wicht?
Da klettert er schnell die Gardine hinauf
Und grinst übers ganze Gesicht.

Projekte

Das Buch bietet durch die klare Strukturierung die Möglichkeit, ein Völkchen zum Themenschwerpunkt eines Projektes werden zu lassen. So eignen sich bei Jüngeren gut die Zwerge und die am besten im Herbst. Bei Älteren eignet sich die Beschäftigung mit den Elfen, da diese den älteren vom Begriff her vertrauter sind, als den Kleinen. Die Beschäftigung mit Nixen und Wassermännern eignen sich im Sommer und so weiter. Dazu einfach den Kapiteln im Buch folgen. Wer sich während eines Projektes allen VertreterInnen der „Anderswelt" widmen will, dem seien folgende Projektvorschläge hilfreich:

Eine themengebundene Spielaktion

Im Reich der Zwerge, Elfen, Nixen und Trolle

Diese Spielaktion eignet sich für einen Spielnachmittag zu einem ganz besonderen Anlass. Die Requisite ist ein bisschen aufwändiger als gewöhnlich und die Spielaktion ist recht personalintensiv. Wer sich die Mühe aber machen will, der wird von den BesucherInnen des Elfenreiches mit großem Lob überhäuft! Denn das Thema ist in der Spielpädagogik unverbraucht und der Reiz liegt darin, dass es sehr fantasievoll ist und die Vorstellungskraft eines jeden äußerst beflügelt!
Gespielt wird an verschiedenen Spielstationen, keiner kann verlieren. Aufgabe ist es, die „Schätze" des Elfenreiches zu sammeln – und diese sind hauptsächlich ideeller Art.

Das Elfenreich

Betreuer: pro Spielstand (s. u.) einen erwachsenen (oder jugendlichen) Betreuer, einen Springer nicht vergessen! Stehen nicht so viele BetreuerInnen zur Verfügung, gibt es eben weniger Stände ...
Material: Kartons, Sperrholzplatten oder Tücher, Zeltplanen (Pfadfinder), grünes Gerüstschutznetz (Raiffeisen: 60 qm ca. 50 €), Bohnenstangen und lange Stecken, Paketschnur.
Spielort: im Freien, am besten in natürlicher Umgebung mit Bäumen und Büschen

Schon die Gestaltung des Spielgeländes lässt eine zauberhafte Atmosphäre entstehen. Beginnend mit einem großen, eindrucksvollen Eingangstor (wahlweise aus Karton, Spanplatten oder Tüchern) wird das Elfenreich von der Welt der Menschen abgegrenzt.

Entlang der Büsche und Bäume verschiedene Unterstände (aus Bohnenstecken, Baumstämmen und Zeltplanen ...) aufbauen, an denen die BetreuerInnen in Verkleidung jeweils bestimmte fantastische Figuren (s. unten) verkörpern und die BesucherInnen des Elfenreiches zum Spielen animieren.

In der Mitte des Elfenreiches liegt der Tanzplatz und die Höhle des Zwergen Alberich (s. u.).

Die Fee Morgana

Kostümvorschlag: s. S. 88
Material: Filz in ausreichender Menge, Schere

Die Fee Morgana ist die Hüterin des Elfenreiches. Sie empfängt kleine und große Leute am Eingangstor zur Anderswelt, händigt ihnen ein Filztüchlein aus, das die BesucherInnen des Elfenreiches am Ende der Spielaktion mit allen Schätzen des Elfenreiches zu einem kleinen Bündel schnüren.
(vgl. Filzsäckchen S. 28)
Die Fee Morgana versieht jeden vor Eintritt in das Elfenreich mit einem „Schutzzauber", damit alle am Ende wieder den Rückweg aus der Anderswelt finden ...

Die Nixe Rhimfaxi

Kostümvorschlag: s. S. 107
Material: Zinkwanne, Trockeneis, Polystyrolspiegel, kleine Fläschchen (Apotheke) fürs Zauberwasser (s. S. 96).

Die Nixe begrüßt die BesucherInnen nach ihrem Eintritt in das Elfenreich. Sie kniet an einem verwunschenen Teich (Zinkwanne), aus dem zarte Nebelschwaden emporsteigen (Trockeneis).
Wer sein Spiegelbild im Teich sehen kann, ist willkommen, wer sein Spiegelbild nicht finden kann, muss leider das Elfenreich wieder verlassen. (Da sich auf dem Boden der Zinkwanne ein Polystyrolspiegel befindet und sich der Nebel von der Nixe teilen lässt, sieht natürlich jeder sein Spiegelbild!)
Die Nixe hält auch ein Fläschchen „Zauberwasser" für die BesucherInnen bereit.

Die Wandlungselfen

Kostümvorschlag: s. S. 78f
Material: je nach Angebot Schminkfarbe, Glitzer, Ruß, Plastici-Modellierschminke (Theaterbedarf) ...

Die Wandlungselfen helfen beim Verwandeln der BesucherInnen.
Bei den Wandlungselfen hat jeder Besucher einen Wunsch frei. Hier kann er sich verwandeln lassen zum rußgeschwärzten Steintroll, zum Baumelfen mit spitzen Elfenohren, zur zarten Blumenelfe mit glitzerndem Elfenzauber auf den Wangen.
Jeder wird individuell beraten und typgerecht verwandelt ...

Die Baumelfen

Kostümvorschlag: s. S. 78
Material: Haselnuss- oder Holunderzweige, Schnitzmesser

Bei den Baumelfen kann sich jeder einen Zauberstab aus Hasel und Hollerzweig schnitzen (s. S. 82). Kleine Leute, die das noch nicht können, bekommen von den Baumelfen einen bereits geschnitzten Stab geschenkt.

Elfenpfeilwurf

Elfenpfeile sollen aus rotem Hartriegel geschnitzt sein und der Volksmund sagt, wenn einem der Rücken plötzlich schmerzt, es habe einen wohl ein Elfenpfeil getroffen.

Material: Hartriegel- oder Haselzweige, Paketschnur, Schnitzmesser, Stroh, Kartoffelsack, Zielscheibe (siehe auch S. 82)

Im Elfenreich landen die geschnitzten Pfeile sicher auf der dafür vorgesehenen Zielscheibe.

Die Steintrolle

Kostümvorschlag: s. S. 120
Material: viele runde Flusskiesel zum Spielen und Basteln, Steinkleber, Farbe, Fellreste (Kunstfell)

Die Steintrolle treiben verwegene Trollrollspiele mit Kindern und Steinen (s. S. 122). Wer will, kann sich hier auch selbst einen Steintroll (S. 115) fertigen.

Die Blumenelfe

Kostümvorschlag: s. S. 66f
Material: frische Blumen im Topf, getrocknete Sträußchen, ätherische Blumenöle ...

Die Blumenelfe führt die BesucherInnen des Elfenreiches an der Nase herum durch die wundersamen Düfte heimischer und fremder Blüten.
Wer will, kann einen Blumenduft mit nach Hause nehmen.

Elfenklang

Material: außergewöhnliche Musikinstrumente (Regenrohre, Heulrohre, Meerestrommel, Klangspiele, Rührtrommeln, Daumenklavier, Gong)

Elfen kann man nur mit dem Herzen sehen, durch einen Windhauch spüren und an einem lieblichen Klang erkennen ...
Bei dieser Spielstation probieren die BersucherInnen, an außergewöhnlichen Musikinstrumenten selbst Elfenklänge zu erzeugen.

Elfenreigen

Kostümvorschlag: s. S. 66
Material: sphärische Musik (z. B. Elfenreigen, Nr. 13), Chiffon- oder Seidentücher (s. auch „Tanz der Elfen" Seite 70)

Wer Spaß dran hat, kann sich auf dem Tanzplatz der Elfen am Elfenreigen beteiligen.
Ein paar Windelfen halten zarte Chiffontücher bereit und zeigen Tanzschritte zu wunderbarer Musik.

Die Feen

Drei Feen sind es, die das Schicksal eines jeden Kindes bei seiner Geburt künden.

Kostümvorschlag: s. S. 88
Material: wenn vorhanden ein Spinnrad, ansonsten Wolle (s. auch S. 89)

Im Elfenreich spinnt eine Fee für jedes Kind eine Glückssträhne, bei dem das Kind sich etwas „im Geheimen" wünschen darf.
Dieser Wunsch wird in den Faden hineinverwoben.

Zwerg Alberich

Kostümvorschlag: s. S. 35
Material: je nach Etat Kieselsteine oder Mineralien (Trommelsteine, s. auch S. 27), Schatzkiste

Als letzte Spielstation geht es in das Höhleninnere zum Zwergen Alberich. Er hütet die Schätze des Elfenreiches. Hat ein Besucher alle andere Spielstationen durchlaufen, so erwartet ihn der Zwerg und schenkt ihm einen passenden Kraftstein aus seiner Schatzkiste.

Ein märchenhaftes Theaterstück

Zwerge, Elfen, Nixen, Trolle und sonstige Wesen

Alter: ab 5 Jahren
Material: Verkleidung (siehe dazu die einzelnen Kapitel ... die Kinder können auch aus ihrem Fundus von Zuhause etwas mitbringen), Papier und Stift

Nach der Beschäftigung mit dem Buch, haben die Kinder eine gute Vorstellung entwickelt von den Wesen aus der Anderswelt. Nun ist es möglich, dass sie selbst ein Theaterstück nach der Methode des „Jeux dramatique" entwickeln: Dabei geht es nicht darum, wie sonst üblich, dass die Kinder eine Rolle auswendig lernen müssen, sondern sie spielen spontan aus ihrem eigenen Erleben zu einer selbst entwickelten Geschichte, die die Spielleitung vorliest oder frei erzählt. Die Ausgestaltung der Rollen findet dann eher spontan statt und kann sich bei jeder Aufführung erneut verändern – auch neue Ideen, die vielleicht auch mal nicht ganz zum Thema passen, können in dieser Geschichte aufgegriffen werden.

So war es einem edlen Ritter während eines Vorspiels plötzlich ganz wichtig, von seinem Papa fotografiert zu werden. Die Spielleitung griff diese Idee auf und bat während des Erzählens der Geschichte den Vater den edlen Ritter zu fotografieren. Das verlegene „Ich hab ihn doch schon fotografiert!" aus dem Publikum, veranlasste den jungen Ritter nur dazu, lauthals zu rufen: „Dann noch mal bitte!", was den ganzen Saal wunderbar amüsierte, besser als ein auswendig vorgetragener Text es je vermocht hätte!

Die Spielleitung leitet das Vorhaben beispielsweise mit neben stehender Fantasiereise ein. Hier entscheiden sich die Kinder für eine bestimmte „Figur". Die Kinder beschreiben anschließend der Gruppe ihre Traumrolle. Dabei wünschen sich die Kinder häufig Prinzessin, Elfe, Zwerg, aber auch Ritter oder Drache zu sein. Aufgabe der Spielleitung ist es nun, diese Rollen miteinander so in Verbindung zu bringen, dass keines der Kinder beim Spiel zu kurz kommt und die ganze Geschichte eine innere Logik erhält und vor allen Dingen ein großartiges „Happy End". Gemeinsam „spinnen" die Kinder daraus eine Geschichte, die Spielleitung schreibt alles auf.

Wählen sich Kinder eine Rolle, die die anderen SpielerInnen offensichtlich im Spiel stören würde, so bedarf es viel Einfühlungsvermögen, die Rolle den andern anzupassen! Dies gelingt aber in aller Regel. So wollte einmal ein Kind in ein wunderbares Märchenreich hinein ein Feuerflieger sein, „der auch schießen kann!". Die anderen Kinder waren hellauf entsetzt und wollten sich überhaupt nicht darauf einlassen, dass einer im Elfenreich rumballert. Im Gespräche wurde mit allen so lange verhandelt, bis der Junge schließlich zufrieden war, als „Feuervogel Phönix" mitzupielen, der sich während des Spieles in „Prinz Thimothy von Timothyland" verwandelt, um tapfer viele Herausforderungen zu bestehen. Kaum legte sich der Feuervogel im Spiel zur Ruhe, halfen die eifrig daherflatternden Elfen ihm schnell die feuerroten Flügel abzunehmen und ihm das Prinzenkostüm nebst Krone zu verpassen, so, als wäre hiermit auch die Gefahr vor zuviel Blödsinn im Elfenreich gebannt.

Ist das Theaterstück so entwickelt, dass es jedem der Beteiligten optimal gefällt, suchen sich die Kinder eine Verkleidung zusammen und beginnen mit dem eigentlichen Spiel. Sind alle mit dem Theaterstück zufrieden, spielen die Kinder das Stück den Eltern vor.

Einleitende Fantasiereise

Durchführung: siehe Allgemeine Hinweise zu Fantasiereisen (S. 16)

„Irgendwo auf einem Dachboden in einem alten Haus findet ihr eine verstaubte Truhe. Ihr öffnet die Truhe und drinnen liegt ein großes Märchenbuch. Vorsichtig wischt ihr den Staub vom Deckel ab und öffnet das Buch. • Drinnen findet ihr große verschnörkelte Buchstaben und eine alte Schrift. Ihr blättert weiter und findet mittendrin ein Bild von euch selbst. • Da steht ihr als Held der Geschichte. Stellt euch genau vor, welche Rolle ihr in dem Märchen spielt. • Wie seht ihr aus? • Was habt ihr an? • Wenn ihr euch das genau überlegt habt, so klappt das Märchenbuch in Gedanken wieder zu, legt es zurück in die Truhe und kommt hierher zurück. Denn jetzt wird unser gemeinsames Märchen geschrieben."

Ein Fantasy Rollenspiel

Die Rettung des Elfenreiches

Alter: ab 8 Jahren
Eintägiges Projekt für Spielnachmittage

Dieses Fantasy-Rollenspiel richtet sich an ältere, abenteuerlustige Kinder, die sich der Herausforderung stellen wollen, das Elfenreich zu retten. Sie begegnen an verschiedenen Stationen den Wesen der Anderswelt, die ihnen weiterhelfen, sofern es den Gruppen gelingt mit ihnen Kontakt aufzunehmen und ihre Aufgaben zu lösen.

Hinweis: Die vorliegende Projektidee ist exemplarisch, sie lässt sich auf ein mehrtägiges Spielprojekt in Ferienfreizeiten (Zeltlager) ausweiten, in dem die Kinder wählen können, welchem Volk der Anderswelt sie angehören wollen, und über mehrere Tage Dinge zu ihrer Verkleidung herstellen oder spezielle Fertigkeiten üben, wie zum Beispiel Bogenschießen der Elfen, Gesang der Nixen, Elfenreigen usw. und diese dann in einem großen Abschlussfest den anderen Völkern vorführen.
Das unten stehende eintägige Projekt kann dann als Einstimmung dienen. Die darstellenden BetreuerInnen (s. u.) können die Gruppe, die sie verkörpern übernehmen.

Vorbereitung der Spielaktion

Die Spielleitung wählt ein geeignetes Waldgelände und klärt mit dem zuständigen Forstamt die Bedingungen ab. (Anmieten einer Hütte, Feuerstelle genehmigen lassen, eventuelles Übernachten im Freigelände, eventuell Zelte ...)
Die Spielleitung erkundet das Gelände und legt die Spielorte fest. Vielleicht gibt es im Wald eine schöne Lichtung, die sich als Elfentanzplatz eignet, vielleicht gibt es eine Höhle oder ein besonderes Walddickicht, das sich für Zwerge eignet. Vielleicht gibt es einen herausragenden alten Baum oder eine Baumgruppe, in denen sich die Baumelfen wohlfühlen, vielleicht ein steiniges Gelände für Felsentrolle oder ein sonniges Plätzchen an denen sich Blumenelfen zuhause fühlen. Vielleicht gibt es eine Quelle oder einen Bachlauf, bei dem wir uns Quellnymphen oder Stromkerle vorstellen können.

Haben sich die BetreuerInnen einen Überblick über das Gelände verschafft, beginnt die Feinabstimmung.

Wer? Was? Wo? Womit – Organisatorisches

- Alter der Zielgruppe
- Gibt es eine oder mehrere Gruppen?
- Werden die Spielgruppen von BetreuerInnen begleitet?
- Dauer des Rollenspiels
- Wie viele BetreuerInnen stehen zu Verfügung? SpringerIn einplanen.
- Wie viele Spielstationen können eingerichtet werden?
- Materialliste erstellen für die einzelnen Stationen, Rollen und Spiele
- Verpflegung der Leute organisieren
- Handy und Erste-Hilfe-Koffer ins Gelände mitnehmen!
- Eine Person bestimmen, die während der Aktion den Gesamtüberblick behält, eventuell Spielveränderungen vornimmt, wenn es erforderlich ist (starkes Unwetter o. Ä.) oder bei Gefahr (mit einem akustischen Signal) das Spiel beendet.
- Alle darstellenden BetreuerInnen bekommen einen Ablaufplan, für die SpielerInnen ist er streng geheim.

Hinweis: Gibt es nur wenige BetreuerInnen, zeigen sich die Wesen der Anderswelt nicht an allen Stationen. Sie hinterlassen aber an diesen Stellen Zeichen ihrer Anwesenheit und die Gruppenbegleitung erzählt dann ihrer Gruppe eine Geschichte, die in das Geschehen einführt.

Wie! - Methodische Grundsätze

... die das Rollenspiel spannend machen:

- Stimmung erzeugen, durch ausgefeiltes, fesselndes Beschreiben oder Stellen einer Szenerie. Die SpielerInnen müssen sich in einer „anderen Welt" wiederfinden und dort einrichten können.
- Die SpielerInnen ständig fordern, indem die Anforderungen an die Rolle auf die individuellen Fähigkeiten/Interessen der einzelnen SpielerInnen abgestimmt sind, keiner aber als Verlierer dasteht. Die Gruppe gewinnt gemeinsam durch „Meistern" der Spielaufgabe, dazu assistieren die BetreuerInnen, damit die Aufgaben bewältigt werden können.
- Zusätzlichen Reiz/Spannungsaufbau durch das Einfügen von Rätseln, Schriftzeichen, Karten, Lageplänen. Informationspuzzle geben.
- Verbindung herstellen zu bekannten Mythen/ Sagen, geschichtlichen Überlieferungen. Darstellen alter Traditionen und Rituale.
- Der Spannungsbogen des Spiels ergibt sich durch folgenden Dreierschritt:
  1. **Die Herausforderung** (einleitende Geschichte)
  2. **Die Aktionen** der MitpielerInnen (etwas suchen, etwas machen, etwas herausfinden, etwas herstellen, etwas einüben) und
  3. **Die Erlösung**, wobei die Lösung auch genauso stimmungsvoll und spektakulär gestaltet sein soll wie der Einstieg.
- Am Ende zu einem gemeinsamen Fest überleiten: Lagerfeuer, gemeinsames Kochen, Essen, passende Musik-Untermalung, gemeinsames Singen, Szenen vorspielen ...

Gestaltung und Ablauf des Rollenspiels

Spieldauer: ca. 2 Stunden, danach Fest
Alter: Für Kinder zwischen 8 und 13
Anzahl SpielerInnen: mindestens zwölf TeilnehmerInnen bzw. genau 6 Gruppen (sind es weniger, Spiel an veränderte Bedingungen anpassen s. u.)
BetreuerInnen: mindestens 9 BetreuerInnen
Material: siehe einzelne Spielstationen, außerdem Papier und Stift, falls sich die Gruppe während des Spieles was notieren will, Verpflegung für alle! Erste-Hilfe-Koffer, Handy, Fahrzeug, Lageplan für jeden Betreuer

Die Spielaufgaben beziehen sich auf Inhalte des Buches. Die einzelnen Rollen der darstellenden BetreuerInnen werden durch die entsprechenden Kapitel des Buches lebendig.
Es gibt 7 darstellende BetreuerInnen, einen Springer und die Spielleitung, also insgesamt 9 Leute. Stehen mehr Leute zur Verfügung, können noch weitere Charaktere eingebaut werden, oder Stände doppelt besetzt werden.

Das Gelände ist so aufgeteilt, dass die einzelnen Spielstationen genügend Abstand voneinander haben, das Ganze aber auch nicht zu weit auseinandergezogen ist, sodass die „Helden" der Geschichte ohne Begleitung umherziehen können. Auf eine altersheterogene Gruppenzusammensetzung achten. Dabei verteilen sich die einzelnen Spielgruppen so, dass der ausgewählte Spielort noch nicht von einer anderen Gruppe belegt ist. Gibt es dabei Wartezeiten, weil alle Spielorte schon durchlaufen sind, in angemessener Entfernung (außerhalb Hörweite) lagern, bis die andere Gruppe fertig ist.

Spielregel für alle TeilnehmerInnen

- Geht nicht an Spielorte, solange dort noch eine andere Gruppe ist. Besucht eine andere Station oder lagert mit ausreichend Abstand außer Hörweite.
- Es kann sein, dass ihr einen Spielort mehrere Male aufsuchen müsst!
- Das Spielziel eurer Kleingruppe ist erreicht, wenn eure Gruppe von jedem Spielstand etwas erhalten hat.
- Bänder, die ihr erhalten habt, müsst ihr vorerst vor den anderen Gruppen verborgen halten!
- Es gibt am Ende noch eine Aufgabe für alle. Also, meldet euch, wenn ihr fertig seid, bei der Spielleitung, sie hat den Überblick und entscheidet, wann das gesamte Spiel endet, und was es weiter zu tun gibt.

1. Die Herausforderung

Die Spielleitung liest allen gemeinsam den Text vor und begleitet die einzelnen Gruppen zu jeweils einem Spielort. Sind alle Gruppen verteilt, ertönt von der Spielleitung ein akustisches Signal zum Start des Spieles. Es kann eine Zeit vereinbart werden, zu der sich alle wiedertreffen. Ende des Spiels ist auf jeden Fall das akustische Signal.

Das ganze Elfenreich ist in Aufruhr. Die Welt ist ernsthaft bedroht. Nicht genug, das die Natur mehr und mehr zerstört wird und damit die Aufenthaltsorte für Elfen sich immer mehr reduzieren. Der Glaube der Menschheit an die Elfen, der Respekt vor ihnen und damit die Achtung vor der Natur und ihren Schätzen ist so zurückgegangen, dass die Elfen beschließen, etwas zu unternehmen. Sie wollen sich jenen Menschen zeigen, die sensibel genug sind, sie wahrzunehmen, andererseits aber mit so viel Mut, Kraft und logischem Verstand ausgestattet sind, dass sie die bevorstehenden Aufgaben zur Rettung des Elfenreiches lösen können. Diese Menschen werden mit dem Wissen der Elfen aktiv die Natur schützen und die Fantasie den Menschen zurückbringen.

2. Die Aktionen

Ganz wichtig: Die Rollen der DarstellerInnen sind absolut geheim!!!

Zwerg Alberich

Spielort: waldiges Gelände
Material: 6 verschiedene Edelsteine s. u. (Esoterikläden) oder entsprechende Glassteine, Steine für das Lagerfeuer, Verkleidung (siehe S. 35), 6 lila Bänder

Der Zwerg ist mürrisch, hält sich im Verborgenen und bringt seine Schätze auf Hochglanz. Kommt eine Gruppe auf ihn zu, gibt er keine Auskunft, sondern lacht in sich hinein: „Ach wie gut, dass niemand weiß, wie ich mit Zwergennamen heiß!"

- Errät die Gruppe seinen Namen nicht, schickt er sie zur *Fee Morgana* mit dem Hinweis „Vielleicht kann die euch helfen."
- Errät die Gruppe den Namen, rückt der Zwerg einen der sechs Edelsteine heraus und erklärt dessen Heilwirkung:

Blau (Achat) für Schutz und Geborgenheit
Gelb (Orangencalcit) für Selbstvertrauen
Rosa (Rosenquarz) für die Liebe
Rot (Karneol) zornmildernd
Weiß (Bergkristall) für Wahrnehmung und Verständnis
Grün (Moosachat) für Naturverbundenheit

Je nach dem, welchen Stein er überreicht, bekommt die Gruppe bei der *Quellkönigin Selinde* eine Gefühlsprobe gestellt.
Die Gruppe erhält, ist die Aufgabe gelöst, ein lila Band.

Die Gruppe, die von *Hestia*, der Hüterin des Feuers, die Aufgabe bekommt, für die Feuerstelle Steine zu holen, bekommt von Alberich die Steine für das Lagerfeuer.

Quellkönigin Selinde

Spielort: Bach oder Quelle, ansonsten mit alter Zinkwanne o. Ä. Wasserstelle simulieren
Material: Verkleidung (s. S. 107), evtl. sphärisches Instrument (Flöte, Harfe ...), Wasserschalen, Trinkwasser, 6 Wasserflaschen, 1 Kessel, 6 blaue Bänder

Selinde spielt auf einer Flöte, Harfe oder einem anderen sphärischen Instrument oder summt ein Lied, je nach individuellem Vermögen. Sie hält jedem Wanderer eine Schale Wasser entgegen und erzählt, dass Wasser das Element des Gefühles ist. Sie fragt die Gruppe, welche Gefühle sie kennen und ob sie diese ohne Worte darstellen kann.
Dann fragt sie, ob die Gruppe schon beim Zwergen war. Ohne dessen Hilfe kämen sie bei ihr nicht weiter.
Waren die SpielerInnen beim Zwergen schon erfolgreich, fragt sie, ob der Zwerg ihnen etwas gegeben hätte. Sie sieht den Stein und kennt nun dessen Wirkung.
Sie erzählt entsprechend, dass die Menschen ...
Blauer Stein ... so verunsichert seien
Gelber Stein ... kein Selbstvertrauen mehr hätten
Rosa Stein ... so lieblos wären
Roter Stein ... so zornig, aggressiv wären, Kriege anzetteln würden
Weißer Stein ... so dumm und verständnislos geworden seien
Grüner Stein ... kein Gefühl mehr für die Natur hätten.
Sie bittet die Gruppe ihr zu helfen, dagegen ein Zauberwasser zu finden.
Die SpielerInnen müssen darauf kommen, dass sie ihren Stein in die Wasserschale legen müssen. (Das muss hinter einem Sichtschutz geschehen, damit andere Gruppen dies nicht sehen können!)
Selinde füllt das Wasser in ein kleines Fläschchen und gibt dieses den Kindern.
Nach gelöster Aufgabe erhalten die SpielerInnen ein blaues Band.

Eine Gruppe kommt ein zweites Mal, um den Kessel für *Hestia*, die Hüterin des Feuers zu holen.

Die Baumelfen

Spielort: unter Bäumen, ein herausragender Baum, an den man sich gut anlehnen kann
Material: Haselstecken, Schnitzmesser, Pflaster, Holz für Lagerfeuer, Zettel mit der Aufschrift: „Geht zur Fee Morgana, sie wird euch helfen.", Verkleidung (s. S. 78), 6 grüne Bänder

Die Baumelfen nehmen nur Kontakt auf, wenn sich die Gruppe an einen Baum lehnt.

- Errät die Gruppe nicht, wie sie Kontakt zu den Baumelfen aufnehmen kann, erhalten sie einen Zettel mit der Aufschrift: „Geht zur Fee Morgana, sie wird euch helfen."
- Lehnen alle an einem Baum, dann geben sie mit leiser Stimme Haselzweige und Schnitzmesser heraus und helfen beim Schnitzen der Zauberstäbe.

Ist die Aufgabe erfüllt, geben sie der Gruppe ein grünes Band.
Eine Gruppe muss ein zweites Mal zu den Baumelfen, um Holz für das Feuer zu holen.

Die Blumenelfe

Spielort: Blumenwiese, Lichtung, Hügel (echt oder simuliert)
Material: Blumensträuße, ätherische Öle, Kräutertees, Dreibein, Verkleidung (s. S. 66), 6 gelbe Bänder

Die Blumenelfe lässt Vorbeikommende an Blumen riechen. Fragen die BesucherInnen sie näher aus, so sagt sie, dass sie sich eines magischen Gegenstandes bedienen müssten, damit sie ihnen etwas vom dem Schatz aus dem Elfenhügel schenken könne.

- Errät die Gruppe nicht, dass es sich um den Zauberstab handelt, hilft die Blumenelfe weiter indem sie sagt, dass sie zuerst zu den Baumelfen müssten.
- Finden die SpielerInnen heraus, dass sie mit dem Zauberstab dreimal an den Elfenhügel klopfen müssen, erzählt die Blumenelfe von der Heilkraft der Blumen (vgl. S. 66) und schenkt der Gruppe Kräutertee.

Ist die Aufgabe erfüllt, erhält die Gruppe ein gelbes Band.

Eine Gruppe kommt ein zweites Mal, um den Dreibein für *Hestia*, die Hüterin des Feuers zu holen.

Der Hinzel Dobby

Spielort: Waldhütte, Zelt oder Unterstand
Material: Requisiten (alte Blechpfannen etc.), Verkleidung (siehe Wichtel S. 49), ansonsten alle Koch- und Essutensilien, die man später am Lagerfeuer so braucht, Sand zum Feuerlöschen

Der Hinzel Dobby ist einfach nur frech zu den Leuten, die an seinen Stand kommen. Er pöbelt sie an: „Na, was wollt ihr von mir? Gar nichts kriegt ihr von mir, weil ihr mir gar nix zu sagen habt, findet erst einmal heraus, was ihr dafür tun müsst, dann helfe ich euch vielleicht weiter ... aber nur vielleicht ... Schließlich lässt sich der Hinzel Dobby nicht von jedem was sagen."

- Findet die Gruppe absolut keine Lösung, schickt er sie weiter zur guten *Fee Morgana*.
- Es gibt zwei Möglichkeiten, den Hinzel Dobby umzustimmen. Entweder findet die Gruppe heraus, dass drei Dinge in Dobbys Hütte völlig am falschen Platz sind und räumt diese zurecht oder die Gruppe schenkt ihm einen Honigkuchen, dann dreht sich seine Stimmung um 180°.

Er bedankt sich tausend mal, küsst die Hände und rückt Gläser, Teller, Besteck, Servietten, Töpfe und sonstiges heraus, eben alles was man zum Gelingen eines Festes so braucht. Dabei gibt er einer Gruppe immer eine Sorte der Gegenstände.

Eine Gruppe kommt ein zweites Mal, um den Sand zum Feuerlöschen für *Hestia* die Hüterin des Feuers zu besorgen.

Hestia, die Hüterin des Feuers

Spielort: Lagerfeuerstelle (vom Forstamt genehmigen lassen!)
Material: Verkleidung nach Belieben, 6 rote Stoffbänder

Hestia sitzt an der Stelle, an der das Lagerfeuer nach Spielende entfacht werden soll. Sie stellt sich der Gruppe vor und verlangt von der Gruppe je nach ihrem Eintreffen: Bringt mir ...

- Steine vom Zwergen, damit ich die Feuerstelle einfassen kann.
- trockenes Laub, damit ich einen Unterzünder für die Feuerstelle habe.
- Holz von den Baumelfen, damit ich ein Feuer aufbauen kann.
- Sand von Dobby, damit ich das Feuer notfalls löschen kann.
- einen Dreibein von den Blumenelfen, damit ich einen Kessel aufhängen kann.
- einen Kessel von Selinde, damit ich kochen kann.
- Streichhölzer von Morgana, damit ich das Feuer entzünden kann.

Ist die Aufgabe erfüllt, erhalten die SpielerInnen ein rotes Band.

Die Fee Morgana

Spielort: verwunschener Platz, Nebel mit Tüchern oder Nebelmaschine simulieren, Verkleidung (s. S. 88)
Material: 6 orange Bänder

Morgana ist die gute Fee des Elfenreiches. Wer nicht mehr weiter weiß, kann zu ihr kommen und hat einen Wunsch frei. Sie antwortet nicht direkt, hat aber für jede Spielstation etwas parat, das auf den Weg zur Lösung hilft. In äußerster Not hat eine Gruppe insgesamt drei Wünsche frei. Doch darf bei einem Besuch immer nur ein Wunsch erfüllt werden. Hat die Gruppe den ersten Wunsch gehabt, gibt die Fee ihnen ein oranges Band.

Beispiele für Lösungshilfen

- Name des *Zwergen*: „Er heißt wie das ganze Elfenreich, sein Name ist alt.
  Den Anfang kennen wir von einem bösen Traum, das Ende heißt ‚reich' auf Englisch. Verbunden werden die beiden Teile mit einem französischen ‚und' ohne t."
- Kommen die SpielerInnen von *Selinde*, fragt sie zuerst, ob die Gruppe schon beim Zwergen war. Falls ja, informiert sie über die Heilkraft der Steine für das Zauberwasser und schickt die SpielerInnen zur Quellkönigin zurück.
- Kommen die Kinder von den *Baumelfen*, fragt sie die Kinder nach Möglichkeiten, wie sie zu einem Baum Kontakt aufnehmen können. Sie leitet die Gruppe mit Hinweisen dahin (wie könnt ihr ohne Worte Kontakt aufnehmen etc. ...), dass sie am Ende darauf kommt, dass sie sich an den Baum anlehnen müssen, um in Kontakt mit den Baumelfen zu treten.
- Gibt's Probleme bei den *Blumenelfen*, fragt sie, ob sie denn schon bei den Baumelfen waren. Wenn ja, fragt sie noch mal intensiv, wie man wohl in einen Elfenhügel gelangen könnte. Welcher magische Gegenstand gemeint sein könnte ...
- Beim *Hinzel Dobby* bittet sie um Nachsicht, weil er so frech ist. Sie erklärt, dass er will, dass sie die Dinge finden, die er unordentlich gemacht hat in der Hütte. Das ist einfach sein liebstes Spiel. Schenkt ihm ein Stück Honigkuchen und er freut sich dusselig.

3. Die Erlösung

Haben alle Gruppe ihre Aufgaben erfüllt, kommen alle zusammen.
Die vier Elemente Feuer, Erde, Wasser, Luft vereinigen sich an der Feuerstelle.
Die DarstellerInnen treten zusammen auf.

Zwerg:
„Von mir habt ihr ein lila Band bekommen, es soll euch sagen, glaubt wieder an die unerklärlichen Dinge im Leben!"

Quellkönigin Selinde:
„Von mir habt ihr ein blaues Band bekommen: Fühlt euch sicher und geborgen auf der Welt!"

Baumelf:
„Von uns habt ihr ein grünes Band bekommen, zeigt wieder Verbundenheit zu der Natur!"

Blumenelfe:
„Von mir habt ihr ein gelbes Band bekommen, vertraut auf eure geistigen Fähigkeiten!"

Hinzel Dobby:
„Seid froh, dass ich euch euren Hauskrempel in Ordnung halte!"

Hestia, die Hüterin des Feuers:
„Von mir habt ihr ein rotes Band bekommen - glaubt an eure Lebendigkeit und Liebe!"

Die Fee Morgana:
„Von mit habt ihr ein oranges Band bekommen - für die Fröhlichkeit unter den Menschen!"

Spielleitung löst nun auf:
Und so verband früher ein Regenbogen die beiden Reiche, das Elfenreich und das Menschenreich, damit Elfen wie Menschen mit ihrer Fantasie über diese Brücke die andere Welt besuchen konnten. Nun kennt ihr eure letzte Aufgabe zur Rettung des Elfenreiches! - Ihr seid im Besitz der Farben des Regenbogens, ihr müsst sie nur noch verbinden.
Die SpielerInnen bekommen Hilfe, die Bändel zusammen zu knoten und zwischen Bäume oder Stangen zu binden.
Zusammen wird gefeiert und von den Abenteuern erzählt!

Anhang

Verwendete und weiterführende Literatur

BATT, TANJA ROBYN: Die zauberhafte Welt der Feen und Elfen, Bauer Verlag, Breisgau 2002

BORGE, PER ERIK: Troll, SFG, Oslo o. J.

BRAENNE, TROND: Der Troll am Holmenkollen, Stenersens Forlag, Oslo 2001

BRÜDER GRIMM: Irische Elfenmärchen, Artemis und Winkler, Patmos Verlag, Düsseldorf 2001

CORNWALL, MARTIN: Das große Buch der Zwerge, Bassermann 1997

CURRAN, BOB: Kleines Handbuch der irischen Elfen, Eulen Verlag, Freiburg 2001

FROUD, BRIAN UND LEE, ALAN: Von Elfen, Goblins, Spukgestalten, Ein Handbuch der anderen Welt, Gerstenberg Verlag, Hildesheim 2000

GRÜNEWALD, MARTINA: Alte Elfenmärchen, Smaragd Verlag, Neuwied 2000

HELLIWELL, TANIS: Elfensommer, Verlag Neue Erde, Saarbrücken 1999

HETMANN, FREDERIK: Irischer Zaubergarten, Heyne Verlag, München 1996

HETMANN, FREDERIK: Die Reise in die Anderswelt, Fischer Taschenbuch Verlag, Frankfurt 1984

KÖNIG, DITTE: Die Welt der Feen, K. Thienemanns Verlag, Stuttgart 1998

MATTERA, TIZIANA: Das Elfen Orakel, Aquamarin Verlag, Ulm o. J.

MINATTI, AVA: Elfen, Feen und Zwerge, vom Umgang mit der Anderswelt, Smaragd Verlag, Woldert 2002

OUTHWAITE, IDA RENTOUL: Die Zauberwelt der Elfen und Feen, Eulen Verlag, Freiburg 2002

Picht, Johanna-Veronika: Zwerge, Verlag Freies Geistesleben, Stuttgart 1994

PINSON, ROLAND; HRSG.: Im Zauberreich der Elfen, Zwerge und Kobolde, Gondrom Verlag, Bayreuth 1983

POGACNIK, MARKO: Die Erde heilen, Diederichs Verlag, 4. Aufl. München 1996

POGACNIK, MARKO: Elementarwesen, Die Gefühlsebene der Erde, Knaur, München 1995

SCHWEIZER, EVELYN: Unsere guten Nachbarn, Zytglogge Verlag, Bern 2002

UTHER, HANS-JÖRG, HRSG.: Die schönsten Märchen von Elfen und Feen, Knaur, München 2001

VAN TULLEKEN, KIT, REDAKTIONSLEITUNG: Verzauberte Welten, Feen und Elfen, Time-Life Books, 1984

VAN VALKENBERG, RON: Atlas der Naturgeister, W. Ludwig Buchverlag, München 2002

WACEK, GERDA: Trolle, die liebenswerten Sagengestalten aus Norwegen Ketterl Verlag Mauerbach 1999

WALLRATH, BERTRAM: Märchen zum keltischen Baumhoroskop, Smaragd Verlag, Woldert 2002

WOLK-GERCHE, ANGELIKA: Zwergenreiche, Verlag Freies Geistesleben, Stuttgart 1998

Empfehlenswerte Kinderbücher

DÜHNFORT, ERIKA: Die Elfenkönigsweise, Verlag Freies Geistesleben, Stuttgart 1992

NORDQVIST, SVEN: Der Weihnachtsbrei, Boje Verlag, München 1986

POSTMA, LIDIA UND KORSCHUNOW, IRINA: Ich weiß doch, dass ihr da seid!, Sauerländer, Frankfurt 1980

Wendt, Anne: Bei den Zwergen, Otto Maier, Ravensburg 1989

Register

Aktionen – normal
Basteleien – kursiv
Verkleidungen – fett
Rezepte – unterstrichen

Lieder

Zur Autorin

Sybille Günther
Erzieherin, Sozialpädagogin und Spieldozentin, lebt in der Nähe von Heidelberg und ist als Wanderin durch die Spielewelt in der Schule, in ihrem Spieleladen, auf Festen oder bei Fortbildungen zu Hause. Bei ihrem Besuch im Elfenreich wurde sie mit Humor überhäuft und bekam ein dickes Herz für Elfen geschenkt!

Bisher im Ökotopia-Verlag von Sybille Günther erschienen:
Iftah ya simsim – Spielend den Orient entdecken
Das Zauberlicht – Spiele, Aktionen und Theater mit Schwarzlicht für Kinder
Feuerwerk und Funkentanz – Zündende Ideen: Spiele, Lieder und Tänze, Experimente, Geschichten und Bräuche rund ums Thema Feuer
Snoezelen – Traumstunden für Kinder. Praxishandbuch zur Entspannung und Entfaltung der Sinne.
Von Räubern Dieben & Gendarmen – Abenteuerliche Spiele, Geschichten, Basteleien und Lieder rund um das wilde Räuberleben.
Hallo Halloween – Schaurige Kostüme, unheimliche Spiele, gespenstische Raumdekos, coole Lieder und Tänze für Gruselpartys und Nachtumzüge

Zur Illustratorin

Christiane Hannecke
Geb. 1964, studierte an der HdK-Berlin Malerei, Skulptur und Grafik. Sie beschäftigte sich fünf Jahre mit Charakter- und Marionettenbau in eigener Werkstatt und leitete Kurse und Workshops für Puppenbau, Spiel und Märchenerzählen, u. a. auf Kunst- und Mittelaltermärkten. Daraus entwickelte sie die Hauptcharaktere ihrer eigenen Geschichten, den Wassermann Metadi und den Hosenzwerg. Christiane Hannecke lebt heute als freischaffende Illustratorin, Malerin und Gestalterin in der Nähe von Würzburg. Veröffentlichungen u. a. bei der G&G Buchvertriebs GmbH, Mitglied im FILU-Archiv der Zeichner www.filu-archiv.de. 2001 erhielt sie den Österreichischen Federhasenpreis für das beste Cover (Gabriele Diechler: Arina & Rick tappen im Dunkeln).